打坐

入門60問

釋繼程◎著

60 Questions
About Meditation
for Beginners

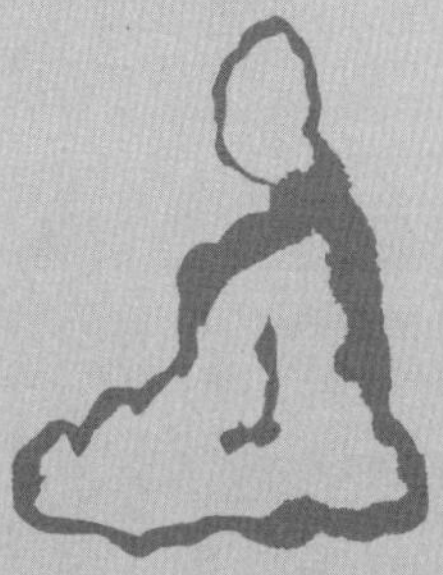

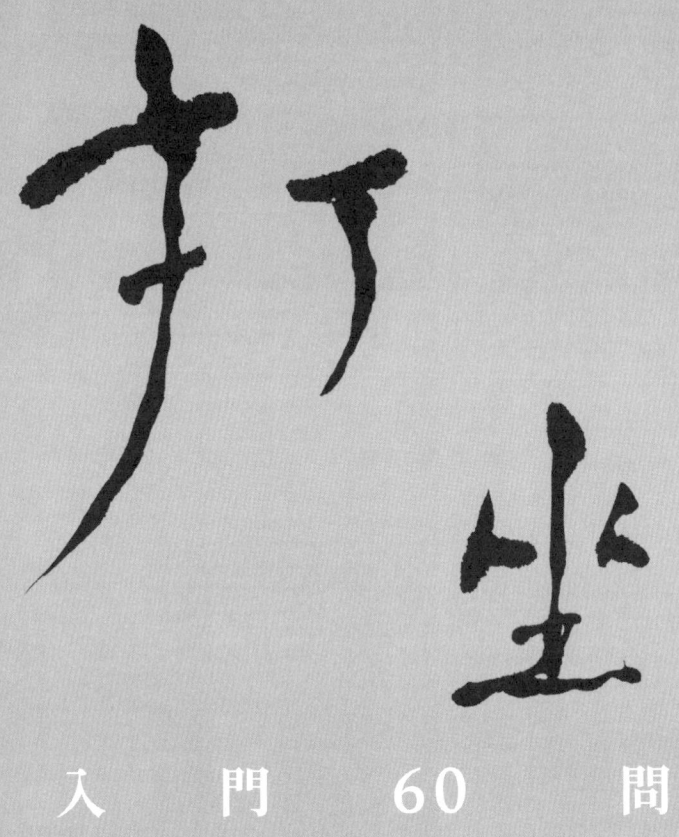

〔自序〕打坐

打來處來 往去處去
十方哪來處 十方哪去處
不來不去 當處即圓心
坐靜相靜 行動相動
三世何靜相 三世何動相
非靜非動 此相是空靈

序 打坐入門六十問

乙巳四月十六 日本彥根
太平繼相并題

目錄

〈第三篇〉第二把鑰匙：調息

〈第四篇〉第三把鑰匙：調心

〈第一篇〉

禪門入門

打坐可以解決所有的人生問題嗎？

大家為什麼要來禪堂打坐呢？有些人是因為感情或工作出了問題，有些人則是因為沒有把修行方法學好，認為不管是什麼大大小小的事，只要進禪堂就通通都可以得到解決，希望打完一個七之後，自己就什麼問題都沒有了。

我們以前形容禪堂為「大冶烘爐」，這個烘爐是做什麼用的呢？煉鋼用的爐。無論你把什麼鐵器丟進烘爐，都一定會被烈火熔化成鋼。因此，很多人心想著，只要把自己丟進了禪堂，即使是破銅爛鐵，總有某一部分可以鍛鍊成鋼。然而，把石頭丟進爐裡能熔化嗎？很多同學連破銅爛鐵都不是，比較像是阻塞洞口的壞石頭。

不少人都會有這種心理，以為只要進了禪堂，什麼問題都可以解決。尤其一些同學不知道從哪裡學來的觀念，以為自己在禪堂有了什麼特別的體驗，回家就能無師自通會畫畫、寫文章了。像這一種心理是有問題的，缺乏對禪修的正確認知。

還有一些同學整個人全身緊繃，好像一身是病，希望打一個七後，就能無病一身輕。這種急功近利的態度，或者說是求功心切的心理，都是對禪修的錯誤認知，一定要想辦法改正過來。

希望大家都沒有這些錯誤的認知，對於禪修能有一點基本的了解，知道禪修就是來打坐，為了收攝、安頓自己的身心。

當然，如果你相信自己只要坐得很好，就能入定。接著，便能依定來做觀想，開發智慧。如果能開發智慧，就可減輕煩惱，甚至滅除。基本上，這樣的觀念沒有什麼問題。換句話說，如果你是用這樣的態度和方式進禪堂來學禪，不會發生問題。但是，有一些同學急著想快一點見到禪修效果，甚至希望老師最好一次把所有方法都教完，讓他可以快快地學，把所有的方法都用上去，而且用到有效果，看得到成績。像這樣子的人，修行反而會修出問題來了。

只打一個七，就想一次學完所有的方法，而且能夠坐得很好，這種毛病就是求功心切。至於想要透過一個七，就一次解決人生大小問題，這反而就是無法安心修行的原因了。禪修的第一步，就是要清楚地知道自己的禪修動機，建立正確的修行觀念。

打坐有沒有速成法？

現代人的學習態度，往往追求速成，然而很多傳統文化的教學方式，都需要按部就班來學。例如，一些教拳術或瑜伽的老師，上課時一定要同學把最基本的工夫練熟，甚至每一個細節都要做得很好，達到了老師的要求，才能進入到第二步、第三步。結果，很多沒有耐心的同學，就不想繼續學下去了。

這種情況就好像在禪坐用方法前，需要先做好調身、調息、調心的基礎工夫，這是調和身心的基本程式，在介紹的過程中，會告訴同學一些方法。然而，在解說方法時，也會擔心同學一學會了方法，連基本的調和工夫都還沒有做好，就急著要提起方法，進入內在比較深的工夫。因此，總是必須提醒同學，如果你連基本的工夫都不想用功，就急著想往更深一層的方法去練習，那只不過是學了很多表面的工夫而已。

很多同學看起來很聰明，好像老師講的方法他都懂，其實禪修要學方法不難，然而，動作很容易學會，細節卻不容易了解和體會。這就像練武術或學瑜伽，如果老師要求同學必須完全達標，按照自己的方式來學，可能很多同學就沒有興趣上課，因為學得太慢了。老師把動作示範給同學看，同學就照著那個姿勢學，當然很快就學會了，可是最內在的作用還發揮不出來，所以老師既要讓同學有興趣繼續學，又要願意照著順序慢慢地學，實在不容易啊！

禪修也是如此，老師希望同學不但能學會禪坐的姿勢，並且懂得調息、調心，在禪法的每個部分、每個部位、每個步驟、每個階段，都能學會一些，卻又要提醒同學不要心急，雖然已經知道了方法，還是要循序漸進地用功。比如說，調身的哪些部分細節一定要做好，但是人往往就是沒有耐心，一知道了後面的內容，就希望前面的步驟能快點結束。

我們都希望自己能學到很深的方法，所以對於淺淺的基礎工夫，就想要應酬一番過去。有些同學聽到老師講了大概的招式，自以為有一個表面的工夫就可以了，因而基礎工夫用得不好，卻一直想要用比較深的方法。我不是不讓同學去用比較深的方法，而是擔心同學進去了以後，才發覺自己用不上力，如果用不上力時，卻又勉強用力，工夫恐怕更用不上去，因為只要一用力，身心就更容易緊繃，而且可能會產生很多想像和幻覺。禪修沒有一步登天的方法，腳踏實地才最可靠，也最安全。

為什麼禪修一定要先練好基礎工夫？

禪修的進程就像求學一樣需要累積工夫，有的人可能對某一些學科有興趣，比如數學，明明老師講解的數學理論都能聽懂，為什麼每次做出來的答案卻都不對呢？這是因為數學的基礎太差，連加、減、乘、除都做不好，所以答案一定不對。

我們很多時候也是如此，理論都懂，可是最基本的觀念卻用不好。因此，在禪修教學上，會不斷地強調一定要從基本上用功，一直到同學能自己安定下來用方法。所有過程的每個步驟、每個階段，都會適當地告訴同學，也會給同學時間練習方法。練習的時候，並不會要求必須做到十足，或是每一個細節都要做到完美。

基本上，從整個禪修課程裡，可以學到調身、調息和調心的工夫，以及數呼吸等方法。但是，你不要學到一些比較深的方法，就一定要進入那個階段，而忽略了自己的基本工夫可能用得還不太好。雖然不希望同學一直停留在基本工夫，只是一直在調細節部分，但是你一定要知道基本工夫的重要，如果你在調和的過程中，能把它做得更好，那麼就繼續使用，好好練習。

上坐的時候，你一定要先把身體調好。調整姿勢的這個工夫，每一支香都要做好。如果你能練習到對禪坐姿勢、調正身體很熟悉了，對放鬆要領很熟悉了，那麼一用方法，姿勢就可以調好了。如果你想要熟悉方法，就必須不斷地練習，每次複習都要很用心地從基本動作來調整。

假如你經常練習，當工夫用上去後，會愈練愈紮實，不會說全部方法都學會了，結果每個部分都是只學了一點皮毛，就以為可以進入下一個階段了。當然，也不是要你一直停留在某一個階段或姿勢，直到每一個細節都會了，才能前進下一個階段，只是希望你能盡量避開學習的偏差。

雖然在課程中，對於禪修的每個部分、每個階段，我都會仔細地介紹方法，告訴同學如何運用，但是同學不一定就能用得很好，或者只是表層在用。如果只能用表層的話，是因為前面的工夫還不夠穩定，所以每一次禪修課程，都還是要複習前面的基本工，必須複習到很熟悉了，才會進入下一個階段。

如果你熟悉這些工夫了，一坐就可以很自然地把身體調正，然後一觀身體，就可以很放鬆，甚至不需要局部放鬆，只要一坐好，整個身體就放鬆了。調身調好之後，接著是調息和調心的工夫，如果你調身調得好，接下去用方法時，就會發覺不論是調息的注意呼吸、數呼吸，甚至是一調心，工夫就上去了。因此，在教學的時候，調身的部分會談得特別多。

調身最理想的一個方式，就是平時也要如此做。你平時不論或坐或站或走路，都要盡量把上半身挺好，藉此熟悉正確的姿勢，每次都要提醒自己用方法。剛開始的時候，你會有一點不習慣，熟悉了以後，很自然地站起來就是這樣的姿勢，坐下來也是這個姿勢。

當你熟悉了正確的姿勢以後，別人不會認為你是正襟危坐，而且每次是一站起來，很自然地就站直了，腰也挺直了，所以別人會覺得你的姿勢很自然。你要不斷地練習方法，直至熟練，這樣就能很輕鬆、很好地運用。因此，每一個過程都要用心地去練習，好好地打好根基。

用不上方法，是老師教法有問題嗎？

教導禪修的老師，都是經驗豐富者才能勝任，會將方法解說得很清楚詳細，然而，假如學生只是聽到了方法，卻沒有完全吸收，而不能充分理解，就會產生用不上方法的這種問題。

舉例來說，練習慢步經行時，有些同學會很不耐煩，心裡嘀咕著：「為何走得這樣慢吞吞！」尤其是看到前面的同學停下不走時，心裡就更煩了。雖然老師告訴同學要放鬆，卻反而更加緊繃，走不到幾步就厭煩了，不是東張西望，就是看看能否超越別人，走快一點。

雖然學會了老師教的方法，但往往還是會順著身體的慣性打坐，本來應該是在很放鬆的狀態去用功，可是身體習慣了緊繃，所以就放鬆不下來。放鬆不下來不是方法的問題，是自己放鬆不下來，所以有的同學只要一打坐，就全身緊繃；只要一數呼吸的時候，呼吸就變得很粗，而開始控制呼吸，甚至不知道怎麼呼吸了。

為什麼剛開始打坐時，可以坐得很好，但是過不了幾分鐘，整個人就鬆懈下來了？這是老師教的方法有問題嗎？事實上，方法本身沒有問題，用不上去是自己的問題，沒有把身心調好，沒有讓心真正安定下來用方法，所以更需要練好基本功。

方法很相應，為何問題層出不窮？

禪坐共修的時候，一般都會先介紹基本的方法，並將不同階段、不同步驟的方法，都做一個概括式的介紹，然後讓大家運用時間去學習。至於方法能否用上去，就要看每個人身心的狀況。因此，你要學會觀察自己的身心，然後在適當的階段採用適當的方法。在練習的過程中，老師會讓大家針對自己的身心狀況做用功報告。有時會有「小參」，也就是讓同學直接向老師報告自己的情況，以幫助同學將方法調至和自己比較相應的狀態來用功。

然而，你明明都了解老師所講解的內容，也知道應該怎麼用方法，可是真正要用方法的時候，為什麼卻用不上去？比方說，才剛坐不久，原本姿勢都坐得好端端，可是身體卻發生了很多狀況，像是痠、痛、麻、癢，讓你不得不改變姿勢，最後變成了障礙，讓你無法繼續用功。

打坐時，有時候是身體或心理出了問題，但也可能發生身心同時結合為新障礙的情況。因此，在打坐之後，必須要去審查身體和心理的情況。在禪坐的調和過程中，常常會把平時身心所潛伏的一些問題顯發出來，這正是一個調整的好機會。

進禪堂為什麼要放下萬緣？

在打七的時候，常常提醒大家要把所有的事都放下，也就是要放下萬緣。事實上，禪堂已經把生活作息都簡化了，簡化到你不需要去牽掛任何事，無論是吃飯或睡覺安排，都不用操心，只需要專心用功。

然而，很多同學進禪堂後，心裡還是有很多放不下的事。因此，需要立一些規矩，比如在進禪堂參加課程前，會要求同學把手機、車鑰匙等都交出來。但是有的人帶了兩支手機，卻只交了一支，這表示想要偷打電話。有的同學開車來，卻不交車鑰匙，擔心車子會被弄髒。其實既然是來打坐，就應該用心打坐，為什麼要想那麼多雜事呢？如果心中一直這樣罣礙，被很多生活瑣事干擾，心還能夠靜下來嗎？

原本打七的這段時間，就是在禪堂裡專心用功，心中沒有什麼需要牽掛的事，可是有些人卻把平常的生活習慣也搬了進來，比如戒不了吃零食的習慣。像有個同學提了兩個重重的行李袋來打七，他裝了滿滿一袋的飲料和點心，只要休息時間一到，就在外面吃東西。其實，禪堂已為大家準備充飢的點心，並不需要自備食物。

有的人明明肚子不餓，甚至才剛吃了午餐或者晚餐，但他為什麼還要吃很多的餅乾？這變成是一種攀緣，覺得打坐很無聊，由於沒事做，就喝喝水、吃吃餅乾來打發時間。這表示工夫用得不好，才會無聊到找東西吃。禪堂雖然只提供三餐，但是都準備得很豐富，工夫如果用得好，心思不會放在飲食上。因此，有時需要立規矩，幫助同學調整生活的習慣，減少攀緣。

有些同學來打七，連洗衣服也能成為罣礙，因為常常衣服洗好或晾好卻找不到，而緊張不已，結果最後留在道場無人領回。類似這樣忘東忘西的罣礙，還真是不少。如果你的心單純，而且生活簡單，打坐時就不會消耗很多能量，可以節省心力，減少罣礙。

如果你打七時，心中仍牽掛著種種生活煩惱，最後雖不至於完全沒有用，但是你好不容易排除萬難，才安排好時間來打七，而且學會了修行的方法，可是你的心卻不能夠真正的放下，這樣不是很可惜嗎？

所謂的放下，並不是什麼都放下不要，而是指在你用功的現階段，至少要珍惜和把握目前的修行環境，配合禪堂的生活作息，把其他事全都放下，才能專心用功。如果你還是或多或少牽掛著一些事，可以盡量練習一進入禪堂，就把全部心事都掛在外面，不要把它帶進來，你只要帶著簡單的身心進禪堂就好。

禪修所用的方法，是愈來愈簡單，在用功的過程裡，讓你的身心愈來愈簡單，心中的牽掛也愈來愈減輕。用功不是為了追求什麼目的，只是來用功，只是來練習方法。通過用功和練習方法的過程裡，減輕心裡的負擔，讓你的心愈來愈輕鬆，變得清明、清澈、清淨，才能清楚地看到當下的狀態。如果你的心很混濁，會什麼都看不清楚。因此，你打七只是來練習方法、來用功。如果你能抱著這樣一個簡單的心態進禪堂，身心自然簡單。無論禪堂發生什麼大大小小的事，你都不要罣礙，只要一罣礙，你的負擔就會愈來愈沉重，所以要萬緣放下，一心打坐。

打七如果打得很受用，讓你牽掛的事將大為減少，會發現很多事比較能放得下了，甚至大事化小，小事化無。

打坐障礙多，老師能幫忙消業障嗎？

你學佛後，是否曾希望能有什麼高僧大德或上師，摸一摸你的頭，然後加持一下，讓你的煩惱消失不見？你學禪後，是否曾希望打個香板，就能夠消業障？有的人誤以為自己不用修行，認為只要遇到高明的禪師，打幾個香板，禪師就會替自己承擔過去所造的業了，這是可能的事嗎？

我曾看到民間信仰裡，有位從臺灣來的禪師，據說可以打香板幫信徒消業障，所以信徒們紛紛拿著紅包，大排長龍，等著挨打來消業障。我不知道是不是真的有效果，不過打下去肯定是會痛的，想不到被人打竟然還要給錢。因為信徒抱持僥倖的不勞而獲心理，喜歡用最簡單的方法，去處理自己最複雜的問題，所以才讓這些附佛外道有機可乘。

有些人認為學了佛以後，佛菩薩應該要保佑我們；修行時，應該不會出現業障，不知道自己為什麼愈用功，反而問題愈多。這些問題的顯現，其實是正常的。

如果你不打坐，就不知道自己有那麼多妄念！如果你不打坐，就不知道自己的腿有多差勁！如果你不打坐，就不知道自己的身體綳得有多緊！打坐了以後，你才知道自己竟然累積了那麼多的疲累，透支了那麼多的精力！由於這些問題平日被掩蓋起來了，所以你完全不知道自己有這麼多的狀況。

然而，有些人卻本末倒置，以為不打坐就沒有妄念，就不會腿痛、昏沉，而認定一切問題都是打坐造成的，從此就不打坐了。甚至有的人學佛了以後，善業還沒有發出來，惡業倒先發出來了，於是認為是學佛有問題、修行有問題。

既然禪坐會腿痛，不坐不就沒事了，為什麼要這樣辛苦地自討苦吃呢？當這些潛伏性的問題，在用功調和的過程中，逐一浮現出來時，如果你對學佛有信心，認為它就是這樣的一回事，知道只要自己繼續坐下去，這些問題自然就會過去了，那就不會為此煩惱。修行就是要去面對這些問題，當問題浮現了，你就要用方法去調理。

當惡業現前時，如果你對佛法有信心、對三寶有信心、對自己有信心，一定可以度過難關。因為有佛法的加持，你的心會更有力量去處理問題；如果你沒有學佛，這些業障沒有因為修行而浮現出來的話，等到它累積到某種程度再發作，你是否有能力去面對它呢？這就像有的人覺得自己身體健康無病，可是一到醫院檢查發現有問題時，卻已是重病末期了，而來不及去補救。

在用功的過程裡，因為不但是調心，也是調身體，所以是放鬆的，心裡儲藏著的一些業，因而可能更容易顯現出來。事實上，所謂「打妄念」，基本上就是浮現為業和報的過程。你的心會造業，也會受報，在受報的過程裡，如果處理得很好，業報自然會減輕，甚至就過去了。比如說，如果方法用得好，當修行的力量增強，心力也會跟著增強，一些問題浮現後，便消失了。

由於打坐的時候，你的心進入到更深的層次裡，所以當你愈深入，潛伏的業愈易浮現。因此，有些人學佛後，才會感覺怎麼負面的問題愈來愈多，或者是惡業現前，不打坐好像身體沒有問題，一打坐好像什麼問題都被挖出來了。

你要明白，當問題顯現出來後，才有機會去處理。打坐腿不痛的人，他永遠不知道腿痛是如何處理的，當你打坐的時候腿痛，就知道如何處理。因此，打坐的時候，不要希望老師來幫你消業障。面對修行的障礙，自己應該用什麼方式來處理，才是重要的事，因為「業」是否會成為「障」，不是業的問題。事實上，當「業」顯現出來的時候，就已經成為「報」了。重點在於，如果你再因為這個情況繼續造作，「業」才會成為「障」。

佛菩薩會保佑人修行不受苦嗎？

打坐的時候，如果先設想好自己打坐會一帆風順，甚至會坐到開悟，可是一上坐卻感到腰痠腿痛，甚至是痛到骨頭裡去，你可能就覺得這個不如預期的狀態有問題，佛菩薩怎麼沒有保佑自己修行順利呢？

有的人認為學佛以後，佛菩薩應該保佑自己一切順利，做生意會賺大錢，開車不會出車禍，走路不會跌倒，可是卻偏偏一做生意就倒閉，一開車就車禍受傷，連走個路都不平安，於是怪罪於佛菩薩沒有保佑自己，覺得學佛沒有用，不然怎麼會好事沒有喜從天降，壞事反而接踵而來。

學佛的人都信因果，然而，是不是只有當因果聽你的話時，你才會相信？假如因果不如你的意，你就不相信了？因此，當你認定某人是壞人時，就認為他應該受到惡報的懲罰，如非這樣，就認為做壞事的人沒有惡報，做好事的人也沒有善報。

事實上，惑、業、苦三者是不斷地循環，苦果、苦報之所以顯現，和你的業有關係，造業是因為你的心迷惑。

如果你平時沒有打坐的習慣，來禪堂坐上兩個小時，怎麼可能不腿痛呢？平時沒有照顧好身體，一打坐顯現出來的，當然都是負面的狀態，所以應該要檢討自己平時是否照顧好身體，而不是怨天尤人，為什麼別人都可以坐得氣定神閒，只有自己狀況百出。你在用功修行時，如果一遇到逆境就開始迷惑起煩惱，這表示逆境出現時，是你的業報現前，成為苦報。

因此，你要終止惑、業、苦的循環，不要再用迷惑的心去處理問題，讓問題像滾雪球愈滾愈大，最終變成真正的障了。當這個業變成了障，會障住什麼呢？障住修行的信心，障住用功的力量。當你提不起力量來，學佛也就學不下去了。有人問我：「為什麼我沒學佛以前，還沒有那麼多惡業；學了佛以後，惡業反而現前呢？」他只看到了惡業現前，卻沒有想到這些惡業現前都只是輕輕地浮過，而沒有發生很嚴重的災難。

學佛並非只是為了祈求佛菩薩讓自己平安無事，遇到發生問題時，應該運用佛法來幫助自己，用智慧心和慈悲心，甚至是感恩心來處理問題。透過禪修的用功，不但能讓你的心變得有力量，錯誤的知見和負面的態度也會調正，讓你面對問題時，不再繼續迷惑，當然也就不會因為造業，而形成修行的障礙。即使仍然受苦遭罪，但這就不是「業障」，而只是普通的「業報」。自己造的業，自然要自己承擔，但是當業報現前時，只要心不迷惑，便能運用智慧來面對它、接受它、處理它，最後就能放下它，讓它過去。

修行為什麼一定要修心？

我們必須知道用不上方法，表示自己的身心需要調整，調整身心的過程也是在用方法。如果方法用得好，身心就可以得到調和、放鬆。在運作方法時，主要面對身體、生理、心理三大問題，或是三者結合起來的問題，其中的心理困境，是在用功時，最需要去對治和克服的問題。

用方法時的阻礙，大部分都是來自心，比如說，坐得不舒服時，不論是痠痛或麻痹等情況，你都可以用很輕鬆的心情來面對，並不會因而起煩惱，但是當你的心產生很多的起伏變化，就可能坐不住了。

有的人參加禪修課程，會因為煩躁的心理而坐不下去，心想：「我大概不是修行的料，不如放棄算了！」於是就打退堂鼓了。之所以產生這種退心，可能是對自己沒有足夠的信心。

或許有的人覺得禪修如果改為念佛、拜佛，或是去當義工服務大眾，這樣比較輕鬆簡單。事實上，如果心理的問題不解決，不論改用什麼方法來修行，或改去哪裡用功，問題都不會解決。因為只要不如你的意，心就開始煩躁了。

很多人相信佛教的因果，是當因果順他們的意時，才會相信，一旦發現因果都「不聽話」，就起煩惱。舉例來說，如果你認為去佛教團體當義工，是你在為大家服務，所以別人要聽你的指揮，要照著你的方式做，可能會發現不當義工還沒煩惱，去了以後反而生一肚子氣，因為往往事與願違。我相信願意當義工為大眾服務的人都是善意的，可是當大家都抱著一些習氣、自我為中心的想法時，想要因果遷就自己的心理，只要不如己意就生氣，就難以團隊合作了。

不只你用這樣的心態當義工會有問題，無論用什麼方法修行，也都會有問題，因為只是浮現的現象不同，本質其實是一樣的。到底是什麼地方出問題呢？是心態出了問題，因為你以自我意識為中心，認為一定要照著你的方式走。

以打坐為例，如果你認為照理來說，應該一切順利，結果身體和心偏偏都不聽你的話，不但腿痛、腰痠背痛，各種煩躁的雜念也不斷出現，自然就難以接受這些意料之外的狀態了。如果你抱持著這種態度來用功，無論用什麼方法大概都沒有辦法，沒多久就要起退心，所以修行必須要調心，而不是只調外在的身體。

什麼事都想要照自己的意願去做，這是一種很強烈的自我意識，是很強、很深的一種染著，一般時候難以得知，需要透過禪修來發現。當染著浮現成各種來來去去的妄念時，只要是你造的業，不論是身業、意業或口業，都一定會回到你的心。因此，修行一定要修心。

禪修的心為何要愈修愈簡單？

有一些人打坐的目的，不是單純為了打坐，而是因為打坐可以帶來很多好處。比如說，有一些作家在打七的過程中，常常會得到靈感，這是他們的打坐收穫。如果你抱持著期待心來打坐，可能會有這一方面的收穫，但是將無法再更進一步進入到「置心一境」的狀態。

禪修不是為了追求這些外在的收穫，你要讓自己的心真正安定下來，工夫用得愈好，心會愈簡單，因為妄念是很複雜、雜亂、散漫的，你要讓心沉澱下來，當心愈來愈簡單，你就愈來愈能夠安住。

當你達到「一心」的時候，修行當然就簡單了，只有心和方法，最後甚至連方法也放下，心只是專注守著一個很細微的念，清清楚楚地知道而已。像這個樣子，還會有妄念嗎？即使妄念偶爾會飄過，卻已不構成干擾了。因此，在用方法的時候，心會愈來愈簡單。

當用功用得很純熟時，心在極其簡單的狀態之下，其實是充滿內涵的。因為當心簡單的時候，覺知力會變得非常敏銳。我們看到很多禪師的修行極為深厚，心卻異常單純，當他需要發揮心的功能時，比如講說佛法或深入觀想、研究，都能夠毫不費力地迅速切入核心。這是因為他的心很清淨而敏銳，所以能在瞬間展現智慧，流露出深刻的見解。

許多禪師寫詩或文章，不需要刻意雕琢複雜的文句，就能以最簡單的文句，寫出最豐富深刻的內容。例如戒顯禪師撰寫的《禪門鍛鍊說》，這本介紹如何訓練禪眾的書，內容非常豐富，運用的文字卻不深奧，讓人閱讀感到生澀。很多禪師都能以簡單的方式，傳達出深刻的內容，表示他們的心已進入非常單純的狀態。心愈單純，內在的智慧就愈豐富紮實。

當我們把太多訊息雜亂地塞進心裡時，會糾結成一團，當你要用的時候，才發現訊息太過雜亂而無從下手。相反地，如果能熟練簡單的方法，以此為基礎，再去學習其他方法，就很容易掌握要領。因此，表面上看起來好像只學了一種方法，可是真正的學問都是互相貫通，所以只要真正的懂了、會了，很容易貫通別的道理和方法。由此可知，掌握修行的要領，便是放下雜亂的心，讓心慢慢地凝聚，慢慢地恢復單純。

煩惱這麼多，我真的有佛性嗎？

每個人的心都具有佛性，擁有和佛一樣的智慧、慈悲和功德，還有種種的好處。只是佛能通過修行，完成他的功德，而我們的心卻被雜亂的煩惱覆蓋，所以無法發揮出功德。

然而，我們常常將雜亂如草的煩惱心，當成了寶，不知道將雜草堆撥開了以後，裡面才是真正的寶。修行可以幫助我們撥開妄念、煩惱，從而顯發出佛心的功德作用。

當我們沒有發現心的真正寶藏時，會不斷追逐那些妄念、煩惱，甚至如獲至寶般執著不放。修行就是要我們將雜亂的煩惱全部撥開，並且放下追逐心。我們的心包括善念和惡念，而執著的心會讓善念、善行變質。

比如說，原本你參加佛教團體貢獻一己之力，是出於善念，卻飽受批評，不被欣賞，如果你因而起煩惱，心一執著，就靜不下來了。你可能心想：「我明明就是真心在做善事，他們為何還對我冷言冷語？」當負面情緒愈積愈多，你就失去了服務的信心。負面情緒會影響你的打坐，剛開始想到一些好事會愈想愈開心，後來就愈想愈不開心，到了最後甚至起退心。當你有追逐心時，就會起很多類似的妄念、雜念，浮現負面情緒，然後就把你的信心擊垮了。

無論事情好壞，知道了就把它放下，事情畢竟已經過去了，只要你問心無愧，做的時候心生歡喜就好。打坐時，你要先把心調正，讓它簡化，心裡一提起來的就是方法。不管浮現的是正面的善念或負面的惡念，這些全都是妄念。在修行的過程裡所顯現的境界，無論好壞，都要把它放下。能夠如此，就能轉複雜的煩惱心為簡單的菩提心。

每支香必須比上一支香坐得更好嗎？

我們打坐的時候，偶爾會有些時段坐得很好，坐到法喜充滿，心裡很安定、很放鬆。你如果有過這樣的經驗，下一支香開始後，就不要再想上一支香的狀態了，當你愈想重現，便愈難如願。那些境界過去就過去了，不會再回來。

一般來說，我們愈放鬆，便愈容易漸入佳境，如果心急，反而不容易安定，當然就坐得不好。假如這一支香坐得不好，並不表示下一支香就沒有希望了。通常下一支香會愈坐愈差，是因為這一支香坐得不好，心裡起了煩惱，所以愈坐愈糟糕。

當這支香的因緣過去了，就要放下它。下一支香再坐的時候，如果還是浮起期盼的妄念時，要把它放下。不管上一支香狀態好壞，都要放下，不要再把它帶到下一支香來。如果你把上一支香的事帶到下一支香，或是在這一支香想下一支香的事，這些都是妄念。事實上，當過去、現在、未來形成一個循環，就變成了輪迴。

我們最大的問題就是輪迴，由此不斷地重複錯誤，反覆地傷害自我，直至擊垮自己。因此，我們應該專注於當下的這一支香，不執著於過去，也不期盼未來，珍惜當下。

為什麼老師能看出我沒有開悟？

用功得不好的人，特別會想像，也特別多幻覺。這些想像很多是來自內心已有的知識，可能是從書本學來的理論，或是老師的講解。比如說，你在打坐的時候，想像著自己該用什麼方法，但是你的身心並沒有真正在使用它，只是自己的心在想像自己已到了哪一階段，因而便出現很多的妄念。

當這些妄念浮現以後，你就認為這是你的體驗了，其實是書本上吸收的知識，或是老師講解的經驗。很多用功打坐的人都是如此，一談起禪來，好像什麼都懂，因為他們的想像很多。

特別是一些聰明的同學，記憶力非常好，能過目不忘，只要一記起來了以後，就會去想像自己當時是處在哪個境界，現在又是在哪個境界。他記得老師說過初禪是什麼樣子，而他當時的樣子就像初禪狀態，看起來就像有點開悟的樣子。像這樣自行想像的同學，想到最後變成是「自己印證自己」。

如果這位同學跟老師做了報告，老師卻不認為是這麼一回事，他就認為是這位老師的工夫不行，所以不知道學生的境界有多高。有很多學生的根基看似很利，境界好像比老師還高，結果都是妄念、都是幻想。

老師為什麼會知道學生沒有開悟呢？一個連坐都坐不好的人，卻說自己已到達了某個境界，這怎麼可能呢！叫他數一個呼吸，都無法好好地數，怎麼可能說已達到某個禪境了！

學習禪修的基礎工夫並不困難，但是需要穩定的工夫，透過紮實的練習，讓自己的心安定下來，不憑空想像，才能進一步提昇自己的工夫。

打完七一定要有所收穫嗎？

我常提醒同學，進禪堂是來用功、來打坐，就是要來用方法，而不是為了求得什麼。有一些同學認為自己既然參加了禪七，就一定非得學會數呼吸不可，所以一到禪堂就很緊張，一進門就想著快點練習數呼吸。尤其是參加默照七或是話頭七的人，因已熟悉了方法，一進禪堂更是急著使用。他們總覺得自己如果沒有把方法用上去，就是在浪費時間，卻忽略了自己身心的實際狀態，修行有時候不能強求，不能勉強自己把方法用上去。

參加禪七時，不要預先去想像，打完這個七一定要得到什麼，一定要學到什麼階段，或是一定要證到什麼，來打七就是來隨順當下的因緣，也就是說，你的身心處在什麼狀態，就應該用什麼方法。在用方法的過程裡，如果能夠改善情況，你就繼續一直用功。如果方法用不上，就在自己應該用的那個階段，好好地把工夫安穩下來，不要心有罣礙。

如果你認為打完七，一定要得到什麼，愈是如此想，愈無法用功，因為當你心有所求時，就會很用力。當你過度用力時，不但方法用不上去，還會造成身心緊繃。原本用功的時候，應該要趨向身心放鬆的狀態，如果你的身心緊繃，便會走向完全相反的方向了。

當你愈焦慮，方法就愈用不上去，甚至還會愈往後退。一個七打下來，你可能會發現自己前面還可以用上一些工夫，後面卻因為焦慮緊張了，急著快點得到某個境界，卻反而使不上力。結果，在解七回家前，很多工夫都散掉了。

你不妨試想，如果打七時，前面兩天睡覺，中間兩天開始用功，後面兩天又開始罣礙，等到了第七天，其實在回家以前，就已經「打回原形」了。這種狀況類似一個循環，你打七時是不是都會陷入這樣的一種循環呢？你可能會懊惱：「怎麼回家的時候，什麼也沒有帶回去。」

事實上，如果你用功用得很好，離開禪堂後，應該是什麼都沒有帶走的，因為你「證空」回去了。

為什麼要培養獨立用功的能力？

在用功的過程裡，你要培養自己獨立用功的能力。如果你總是需要有人和你一起打坐，或是要法師拿著香板盯著你，才能夠用功的話，那就是長不大了。

不管是禪修或是人生成長，都要學會獨立，可以自主。很多人已經在社會工作很久了，心理上卻仍然很依賴家人，甚至希望父母可以扶持他的經濟生活。在做學術研究上，只要進了研究所，就應該建立獨立研究的能力，不可能永遠都等著老師提供資料，或是要老師盯著自己交作業。如果你總是希望別人照顧你，依賴心非常強，這種心理是有問題的。你應該要日漸成熟，能夠自立。

修行也是如此，當你進入到某個階段後，應該就可以自己用功了。當你不靠別人幫助也能修行，就是自主能力加強了。如果修行永遠都要有一個老師跟在身邊，沒有老師就無法用功，就難以成長了。不能總是身邊要有人盯著你，或是告訴你怎麼做，才懂得用功，如果當老師一離開你身邊，就不能自主用功，那就很麻煩了。

你所學的佛法要跟身心結合為一，要懂得如何善巧地運用它，因為每個人的身心狀態、心理層次，都有所不同。假如你不能自立，表示你對自己身心和心理層次的狀態無法真正了解，表示你不懂得如何消化所學，讓佛法跟身心結合，成為你的資源，並進而活用。佛法告訴我們有很多事該做，可是我們常常等著老師或別人告訴自己該做什麼，而不能自立。

你讀了很多佛經，卻只是表面吸收內容，無法將佛法真正融入生命裡，這樣便不能運用佛法的資源。會賺錢的人可能只是幸運遇到機緣，不表示他的經營能力很成熟，可是懂得用錢的人，就是真正成熟的人。像一些真正的企業家，與其說他們會賺大錢，不如說他們有用錢的智慧，能夠將財富合理地分配，發揮最大的功能。

當你能獨立用功、自立學佛的時候，佛法就變成是你發揮的資源。你可以用佛法來提昇和淨化自己的生命，並將佛法布施給別人，由此貢獻社會、服務眾生，佛法就是能發揮功能的一種資源。能夠如此，表示你可以吸收和消融佛法，將作用發揮出來，也代表你擁有自立的能力。如果你一直依賴別人，便無法照顧別人；如果你懂得照顧別人，就表示能消化資源，達到修行成熟的階段。

當你能克服自己的問題，能和別人分享佛法，並運用自己的修行修養來服務社會，就表示你可以自立了。因此，除了禪坐共修，在家時，也要懂得安排時間來自修，才能自立用功，從而成長了。

修行是自己一個人的事嗎？

禪修用功不是自己一個人的事，它和所有與你互動的人都有關係，包括家人、同學、同事等。你在學禪以後，帶給身邊人什麼感受呢？是讓人充滿快樂，還是充滿壓力？禪修雖是無形的修養，卻能散發出感染力，如果你帶給人的是快樂、喜悅，這就是禪修應該產生的功能。當然，禪修的最大受用者，一定還是你自己。

你要盡量讓自己的心快樂，然後把快樂分享出去，當別人和你接觸時，就會感到快樂，而沒有壓力和苦惱，不要讓自己成為別人的心理負擔。當我們收攝身心時，身心安定了，心會有正面的力量、正面的心理，這會自然地散發一種力量，讓你能用慈悲的心來對待家人。修行打坐不只是為了自己要離苦得樂，也要與樂拔苦，能給予他人快樂，減少苦惱。

比方說，參加禪修課程回家以後，要保持正常的生活，不要讓家人難以接受。家人是學佛修行的最好支持力量，因為你大部分的時間都跟家人生活在一起，如果能得到支持，學佛的道路會比較平順，減少障礙和煩惱。很多人可以度化外面的人，卻度不了家人，因為關係太親近，很多話反而難以啟齒。本來學佛應該是讓自己和家人都愈來愈快樂，如果你愈用功，家人卻愈煩惱，你一定會感到很難過，從而無法安心修行。

你在沒有參加禪修課程以前，每天下班帶回家的可能是一身的疲累、一身的煩惱，家人每天都要面對你的壓力。如果你參加禪修課程後，能收攝身心，保持正念，回家後讓家人感覺你變得開朗、放鬆，不像以前一樣愁眉苦臉，表示你能將從禪法所得到的受用，發揮在日常生活，很容易和家人、朋友相處，不會成為讓別人苦惱的原因。

如果你想要幫助別人，讓別人快樂不苦惱，自己就要是讓別人快樂的因緣，而非苦惱的因緣，而前提是自己要先能夠快樂，才有能力助人。禪修是為了什麼呢？就是為了要離苦得樂，從淺的樂到深的樂，最後到究竟的樂，這就是禪修的成長過程。如此修行不是為了自己而已，而是為了讓更多的人也分享到你的快樂。

以前即使別人送你九十九朵花，你可能還不開心，認為應該送九百九十九朵花，因為心裡不充實，無法感受因安定平靜而產生的喜悅，所以也感受不到外在世界的美。如果你能體會禪法的受用，會發現以前很容易煩惱，處處不滿，現在則很容易歡喜知足，你會心懷感恩，別人送你一朵花，可能就快樂了一整天。

用功修行就是要練習不斷地加強心的力量，讓你在生活中，可以得到更深、更充實的喜悅，並且感染身邊的人。能夠如此，就表示禪修能發揮效用。千萬不要打完了靜七或參加禪修課程後，工夫就全都沒有了，心裡的喜悅不增反減，甚至還從外面學了新的花招。你應該增加的是內心的修養，而非煩惱。你的這一些煩惱，最後可能會變成家人和別人的負擔。

有些人會認為說：「個人生死個人了，別人用不用功、快不快樂，關我什麼事？」確實，別人用不用功、快不快樂，不關你的事，但是如果你用功，別人卻不能從中感受到禪修的好處，你自己就真的能夠了生死和離苦得樂嗎？你讓別人煩惱，你的煩惱會減少嗎？如果你讓別人煩惱，將發現自己的煩惱更多。

你的快樂不會因為分享而減少，反而像是點蠟燭一樣，本來只有一根，當蠟燭陸續被點亮了，世界就會愈來愈亮，快樂就會愈來愈多。你要學會將快樂布施給別人，那麼快樂就會增長。反之，如果你把煩惱和黑暗帶給別人，大家就會一起煩惱，一起暗淡無光。因此，修行不是自己一個人的事，你要讓自己成為快樂的因緣、希望的光源，讓你的心力能感染他人，讓他人產生快樂和共鳴。

為什麼要在生活中活用禪法？

你要將在禪堂所用的方法，應用到生活裡，也就是學以致用。很多人的生活態度是得過且過，不清楚自己在做什麼，不是活在過去的懊悔，就是活在未來的擔憂，渾然不覺錯過了無數個當下。想要改變這樣的狀態，要先學會以禪法收攝身心，才能活在當下。

為什麼很多人學會了收攝身心的方法，可是一離開禪堂，方法就用不上了？因為缺少了警覺心，回到了慣性的動作。當你的動作變得粗重，便表示身心既沒有放鬆，也沒有收攝。比如說，從開關門的聲音，就可以知道你是否有用心。如果不用心，就會發出很大的聲響，造成別人的困擾；如果用心，就會放慢開關門的動作，盡量不發出聲音。上下課或吃飯移動椅子也是如此，很多人拉椅子都是一種習慣的動作，不會去注意過程，動作自然粗魯隨意，心也沒有警覺，所以推拉椅子常發出聲音。

即使是在禪堂以外，方法也不應中斷，一樣要訓練動作。在活動的過程裡，當知道自己要做什麼動作的時候，要很快地把心收攝回來，把專注力放在動作上，清楚地知道自己正在做什麼動作。你要把動作放慢一點、放柔一點、放鬆一點，便可以調整習慣。

如果你的動作很粗重，是因為身心粗重，所以便如此顯現出來。因此，要留意身心是否收攝得很好，如果經常如此練習，就能幫助你改變生活習慣。你可能覺得留意這些生活細節，會讓自己感到身心緊繃，實際上，如果你真的用心去做，反而才更容易放鬆。

如何在生活中活用禪法呢？方法是把注意力收攝回來，清楚地知道自己正在做什麼。然而，我們平時的心是散亂的，往往短時間內要同時做好幾件事，不容易把心收攝在正在做的事，很多時候都是身心的習慣性反應動作，說話也是如此。大家說話總是有一些口頭禪，會用習慣的慣用語。有的人可能一開口就是粗話，因為不罵幾句，後面的話就說不出來。比如喊人名字前，要先罵上幾句粗話，才有一夥人的親切感。這種說話方式沒有惡意，只是出於習慣，沒有什麼覺照力。

在練習禪法的過程裡，你要知道自己在做什麼，才能容易收攝身心，這是一種「止」的工夫。身心要收攝，才能清楚地覺照當下的因緣、當下的動作。然而，清楚地覺照當下、安住當下，只是一種止的工夫，再深一點就是定，但這還不是真正的慧。雖然有覺照的作用，但也只是清楚而已，你需要開發無住的智慧。

所謂無住，就是不會停留不走；雖然無住的時候，會有一種止的狀態，不受干擾、不受影響，但是過程中還是隨緣，也就是可以像流水一樣流動著。

無住是一種慧，也就是在覺照當下、安住當下的同時，你清楚地知道這是無常、無我，所以心就不會停住，而會跟著無住，這便是一種智慧。你要從覺照中與法相應，與無常、無我的法相應，這才是智慧，但是在整個過程中，必須要先能夠收攝心，因為你的心如果連當下的因緣都不清楚，就無所謂住和無住。

安住是定，無住則是能放下。其實在禪修的每一個階段、每一個當下，身心應該都是安住的，不受干擾，並且同時知道剎那的變化，所以當剎那過的時候，就能放下。這需要非常敏銳的心，才能做到。你至少要先清楚地知道每個當下，才能在過程裡，時時刻刻地練習放下，不戀戀不捨。

人很多時候之所以放不下，是因為受到過去習慣的影響。如果你停留在過去的習慣，就表示你現在的心沒有真正安住在當下，仍停留在過去的回憶裡。如果心停留在過去，這個經驗會進而延伸到未來，形成一種輪迴。想要活在當下，就要以禪法打破這一輪迴的慣性，才能解脫自在。

〈第二篇〉

第一把鑰匙：調身

打坐可以讓身體和精神健康嗎？

目前社會上的禪修風氣很興盛，很多人都知道禪修的重要性，也對禪修有興趣。當然，每個人學習禪修的目的和程度不一樣，想要的禪修受用和功能也不一樣。

有些人可能是因體弱多病、精神緊繃，認為打坐可以讓身體健康，所以來學禪。想要身體健康，就要能夠放鬆，禪修確實是放鬆的最好方法。假如你調身的方法用得上，身體能夠放鬆，各種器官運作自然較好，循環系統就會順暢地運行，內分泌也會平衡。如此一來，身體問題就可以得到改善。

有些人學禪的目的，則是希望通過禪修的方法放鬆精神壓力，尤其是現在人的生活都很緊張，不但工作緊張、功課緊張，有時候連吃頓飯、睡個覺也都緊張，習慣把很多事攬在身上，忙到都沒有時間休息，結果就累垮了。雖然通過禪修的方法，確實能放鬆精神和紓解壓力，但是必須要懂得用方法。

如果你只是參加一、兩個禪修課程，或是很久才來參加一次，效果當然不大。當你進到禪堂的時候，才開始要調整身心，由於已經累積了太多的疲累，狀態緊繃，這時才要抒放壓力，當然就得多花一些時間，而且不太容易。至於累積的很多業報，包括妄念，你希望打坐時就能夠完全抒放，就更非易事了。

當我們在用方法時，身心的狀態不協調或不放鬆，很難把方法用好，但是很多人畢竟是用功了，總希望得到一點用處，不徒勞無功。有些人打禪的目標是希望對佛法能有更深的體會，或是希望開發智慧，或是即使不能開悟，至少也能達到一心的安定狀態。

總結來說，每個人學禪的目的不一樣，雖然很多人禪修可能就只是想調調身、調調心而已，比如希望參加一、兩個課程來改善健康，把身體不適的問題全部解決。其實，即使不是為了修行，只是想讓身體恢復健康，也是需要時間。至於有嚴重精神問題的人，並不適合直接用禪修的方法調理或解決，因為他還不具備自我調整的力量，心太散、太亂了，甚至無法收攝，方法自然完全用不上。我們的心至少要有某種程度的安定，才有收攝的能力。

打坐確實有助於身體和精神健康，但是這些並非打坐的修行目的，只是附加功能。修行不是只求長壽延生、精神愉快，要能用禪法解脫煩惱，身心才能得到真正的健康。

打坐為什麼要採用坐姿？

止靜是最基本的打坐工夫，也就是在靜態中用方法。在靜態中禪修，是以坐為主。當然，你如果是靜靜地站著不動，基本上也是可以，可算是靜態的用功。但是一般來說，靜態中用方法，是以坐為主，因為坐姿能夠保持休息的狀態。

當你全身站立的時候，身體不容易得到休息，身體的空間範圍會拉得很長，血液循環需要多消耗一些力量，比方從心臟到腳之間的距離很遠，要消耗不少力量才能完成血液循環。

你在坐的時候，一方面是休息，另一方面身體的空間範圍也會縮小。禪坐的整個姿勢是內攝的姿勢，所以打坐為什麼要有七支坐法，就是為了要保持身體均衡，而且從心理上、生理上來看，這樣坐的姿勢是內攝的。由於禪修要攝心，所以生理的姿勢也要跟著配合。當你把雙腿盤起來，然後含胸不張揚，這些姿勢都是往內攝，讓身體形成圓形的循環，成為身心相呼應的一種方式。

打坐是最理想的修止、修觀方法，當止的工夫成就了以後，就進入到更深的觀。如果身心處在這種止靜、收攝的狀態，你在觀的時候，心就更加穩定，而能發揮更大的功能。

打坐為何先學調身，而非直接調心？

很多人知道修行就是修心，禪修最重要的是調心，所以打坐時，便容易輕忽了調身的重要性。當老師在教導的時候，才剛提醒好正確的坐姿，很多同學就迫不急待地要走下一步了，希望趕快學會所有禪的方法，最好打完一個七，心就能夠開悟了。

假如老師一直要求同學們正確的坐姿，做好放鬆身體的調身基本功，放鬆到最後的結果，有的同學可能會因為不耐煩，就直接放棄不學了。由於有的同學想要趕快學會所有的禪坐步驟，所以當老師提醒不要心急，要先做好調身，他可能會說：「身體不重要，調心比較重要。」

問題是如果你連身體都調不好，卻急著去調心，心能調得好嗎？禪修的調和過程，是由粗慢慢地轉到細，包括調身、調息、調心。身體是最粗、最外在的部分，心沒有形相，當然是最細的部分。對於有形相的身體，你可以很真實地感覺它的存在，無論是捏或打，都會感覺到痛，所以身體是最粗、最外在的部分，能夠直接地去調整。

調息即是調呼吸，雖然你看不到氣，可是不但運動時能感覺呼吸在起伏，禪坐時也能感覺到一呼一吸的進出觸受。呼吸的覺受比身體微細，但還是有跡可循，可以覺察和運用它。心則不然，心沒有形相，雖然有很多念頭不停地浮動，卻不容易發現變化，因為它非常內在。

為什麼調身、調息、調心的禪修基本功，調和的順序要以調身為先呢？因為如果身體沒有調好、沒有放鬆，就會顯現一些不舒服的觸受，最明顯的是痠痛、麻痹，從而影響到心。因此，沒有做好身體的調整，達到最基本的安定，卻想要進入到內心的微細調整，自然是十分困難的事。

為什麼禪坐一定要放鬆身體？

當你打坐能安置於一心的時候，身心一定是很放鬆的，感覺身體很輕，好像沒有重量，甚至連對身體的覺受都像是空掉了，這就表示方法用上去後，效果出來了。如果你在用方法的時候，感覺身體很沉重、很用力，那就表示沒有用好方法了。工夫用得愈好，身心一定是愈放鬆。用到最後，當你止於一境的時候，身體好像是空掉，沒有重量了，完全輕的、空的，是放鬆的。

用功的時候，方法如果用上去了，便開始能夠放鬆。如果方法用不好也沒關係，可以重新按照七支坐法，把姿勢坐好，把身體調好，這樣身體就不會感到沉重。如果身體能放鬆，七支坐法就可以耐久。

身心要能統一，就要達到放鬆的狀態。我們在觸受覺知到全身的時候，如果有很不舒服的觸覺，身體就會緊繃。最初是某一個部位感到疼痛，然後變成全身都痛，心也跟著一起痛苦了。因此，坐到最後整個人都身心不安了。

遇到這種情況時，可以覺知那個比較強的觸覺，只是局部而已，是全身的一個小點，注意力不跟著過去，便不會對整體產生干擾。如果你的覺知能繼續保持在全身整體，心就能放鬆，當身體也放鬆了，身心就能統一。這個方法看似簡單，其實是需要練習的，身心要很放鬆，才能用上這個方法。

我們之所以常用呼吸為方法，是因為這個方法很具體，而且開始用的時候，專注呼吸所凝聚的範圍小。因此，收攝身心時，要先收攝在某一個點，再來用方法。調身需要整體放鬆，想要一下子做到全身審查，那是不容易的事。

使用審查全身的方法，在用到全身都放鬆了，能覺察到呼吸以後，就順勢回到呼吸這裡來，這是比較具體的步驟。如果我們能覺察全身，全身都放鬆了，不管有什麼觸受，都會成為局部，而不會干擾整體。當你的身體完全放鬆，覺照的作用會很敏銳，你的心就可以覺照到全身。覺照全身的時候，心就能和全身統一，這個方法看起來好像很簡單，實際上並不容易運用，除非你的身體向來就很放鬆，而且心也很放鬆，才可能一用就用上去了。

對很多人來說，數呼吸是一個非常容易使用的方法。最重要的是，無論你使用哪一種方法，都不要預設成績單，要求自己這一次考試非拿多少分不可，不要太過求功心切。你要清楚知道的是，自己用功時的身心處於什麼樣的狀態，該用什麼方法就用什麼方法。當你正在用方法練習調身體時，就是好好地學放鬆，不需要給自己壓力。

如果你能學會全身放鬆的要領，練習身體局部放鬆，也就不難了。同樣地，你如果能將身體的局部放鬆做得很好，那麼整體放鬆也就不難了。你只要順著調身所打好的基礎，依此來用功，很容易得心應手。因此，用功時要注意，先把身體放鬆，再把心放鬆。你不要認為來學打坐，課程無論教什麼方法，都一定要全部學會。你能用到哪個階段，就表示你的身心狀態是處在那個狀態，最重要的是要用好當下的方法。

放鬆身體時，為何要覺照當下？

打坐如果處於剛剛起步的狀態，就要用起步的方法，踏踏實實地把方法用好。假如你能將老師所教的方法用上去，就繼續依此來用功；如果用不上去，就表示前面的階段還沒有調好，要退回來重新調整。

用功的時候，如果可以清楚地覺察身心，是最理想的狀態。雖然希望自己能上進，但是如果方法用不上去，就不要用力硬推，要再退回來使用前面的方法，等把方法重新調好、用好，再繼續用功。如果你能把前面的方法用好了，會發覺下一個步驟不需要用力，方法就用上去了，這樣你在用功的時候，就能經常保持放鬆的狀態。比如說，你開始練習數呼吸，結果發現一直昏昏欲睡，原來是坐久了彎腰駝背，需要回到前面的調身步驟，重新調身。當你身體調正了，便會發現精神變好了，數呼吸的方法很容易使用。

大家要記得用功的要領：第一個原則是放鬆，第二個原則是覺照當下。無論自己當下是什麼因緣、是什麼狀態，都要清楚地覺照，然後使用當下狀態應該用的方法。這樣你的身心就放鬆了，因為不需要用力，方法會很自然地用上去了。如果你能把這兩個原則把握好，把心態調整過來，就會發覺在每個階段，都能很放鬆地用功，而當你把方法用好，工夫就會穩定。只要你能掌握好用方法的每個階段，要上進的時候就不會覺得困難，因為你只要輕輕地一推，工夫就用上去了。反之，如果你發覺所用的方法需要特別用力，那就先不要用，在用功的過程，經常會進進退退，千萬不要勉強自己。

禪修不是在課堂裡讀書，一年級讀完了，雖然成績很差，全部不及格，還是必須要升上二年級，那是不得已的情況。禪修的用功沒有這樣的升級規定，如果成績不及格，可以留級沒關係，就留在一年級繼續讀，讀到終於及格了，再上二年級讀書。修行是一生的事，和讀書求學有年齡限制的情況不一樣。你如果能在每個階段，都確實把工夫用好再進入下一個階段，修行就不成問題了。

調身過程太久，會浪費禪修時間？

很多人在用方法的時候，以為學方法一定是不斷向上，依序從第一個步驟、第二個步驟、第三個步驟、第四個步驟……，如此一直推進。假如步驟卡住用不上去了，就認為一定要用力把它推上去才行。

其實不只初學者有這種誤會，禪坐多年的人更是如此，他們之所以會有這種心理，是以為自己打坐這麼久了，參加課程的次數這麼多了，如果告訴別人自己還在練習放鬆身體的階段，一定會被嘲笑：「你是不是搞錯了啊？怎麼還在練習放鬆身體、數呼吸？真奇怪，你學了那麼久，為什麼還是沒有進步？」

很多人認為已經參加了幾次禪修課程，就一定要用進階的方法才對。這到底是誰規定的呢？沒有人規定，是你自己做的規定，所以一旦方法用不上去，就會勉強用力推。由於自以為用功修行，一定是一直推上去的，所以要求自己非得學會用什麼方法不可。如果你勉強自己如此做，最後會發現不但問題沒有解決，身體反而愈修愈緊繃，和應該用功的方向背道而馳。如果你使用的方法和修行的目標相反，就表示你用功的方向不對了。

這種勉強自己用方法的心理，一定要調正。你要記得當方法用不上去時，不能用力，只能退回來，退到之前所用的那個步驟。假如你第三個步驟做得不好，一定是因為第二個步驟不穩定，所以要退回來第二個步驟重新調整、放鬆。

因此，調正身體的工夫很重要。打坐的時候，要懂得如何放鬆，比如說，當你發現身體一直想要往下彎，就表示你需要先休息一下。你要先舒服地安頓好身體，然後再把身體挺好，接著練習放鬆。如果有痠痛、麻痹的現象，就稍微輕輕地擺動身體，再把姿勢調好即可，但是最後一定要坐正。

如果發現自己一直坐得不好，要用覺察的方法觀察全身，先局部放鬆，接著整體放鬆。我們全身都有觸受、觸覺，當心很放鬆時，會覺察到觸覺，這就是心的作用，能感知全身觸覺。心如果愈細，就能覺察得愈清楚、愈整體、愈全面。心的作用包括觸覺的作用，身體的每一個部位都有觸覺，只要你的心很放鬆、很細，就可以觸到它。當你能觸到它，就表示你的心是和身體在一起的，身心合一。

打坐時身體疲累，要勉強硬撐嗎？

我們每天累積了很多的疲累，卻很少人可以休息得很好，而透過睡眠、休息或打坐，則能將累積的疲累完全紓解。打坐在面對昏沉欲睡時，不適合勉強硬撐，因為當身體繃得太緊時，會無法好好休息，甚至是睡不好。當身體沒有得到充分的休息或睡眠，很容易一直陷入疲累的狀態裡。

活在資訊時代的現代人，隨著電腦科技的發達，勞動的需求減少了，甚至可以在家上班，照理來說，應該有很多的時間休息，但卻發現更缺乏時間休息。像我去克羅埃西亞帶靜七，便告訴同學如果覺得很疲累，可以放心地睡覺。他們最喜歡聽到這句話，因為以前的打禪習慣，都是得提起精神來打坐，監香法師會用香板逼著大家用功。因此，當他們發現原來可以在禪堂睡覺，高興得好像得到什麼大赦，就真的睡了好幾天。不過，他們說就是因為那幾天放心地睡覺，所以之後幾天便可以把工夫發揮出來。

我發現很多人都有休息不夠的問題，與其逼同學用功，不如就讓他們休息，反而可能更有收穫。我不管是在馬來西亞、臺灣、美國或歐洲帶靜七，都是讓同學休息和睡覺。因為如果我逼他們硬撐不睡，身體就會緊繃用力，工夫就用不好了。很多同學以前在用功時，認為自己如果昏睡，那就是懈怠，必須要精進，必須要硬撐。即使沒有香板，同學還是會硬撐，結果整個七都繃得緊緊，就是在醒和睡之間用功，而無法專心用功。

當我告訴他們可以放心睡，有些人卻說：「我是要來精進的，現在竟然來睡覺、來懈怠。」因而產生一種內疚感或罪惡感，心裡罣礙便睡不著或不敢睡，直到我提醒他們真的可以好好休息，休息過後再來用功，效果更好。當他們放下心中罣礙，真的睡上了兩天，效果比他們在整個七中醒醒睡睡之間勉強用功，效果更佳，而且當他們可以開始提起精神來，在後面幾天，工夫就能一直用上去。

事實上，你在打坐時總是想睡，這是時代的問題，不是你個人的問題。以前的禪堂只有一、兩個人偶爾打瞌睡，那是個人的問題，表示他懈怠了，可是我們現在是整個禪堂，只有一、兩個同學沒有睡，代表這是普遍的問題。因此，如果你覺得自己需要休息，那就安心休息；如果不需要，那麼就提起方法來用功。

當覺得自己很想睡，就盡量把姿勢調正，心裡不需要用方法，只要提一個很細微、比較深的念頭，知道自己在打坐即可。如果你還有時間放鬆，那就審查全身是否放鬆，等到真正要進入昏睡的狀態，就完全放下方法，只要知道自己在打坐就行，讓自己好好休息。如果你休息得很好，疲累會被釋放；等你睡夠了，醒來就精神飽滿。

用功的時候打瞌睡，表示你的疲累已累積太多，需要抒放，抒放的方法是放鬆休息。假如你睡得不夠，疲累就會累積在身體裡，一用功就感到疲累，所以要好好放鬆、好好休息。有的人認為所謂的精進，是要一直不斷地用功，可是你如果是很用力地在用方法，那是一種透支，最後反而可能會被掏空。身心的力量畢竟是有限的，要在放鬆的狀態中，才能夠不斷地運用潛在的內在力量。當你的睡眠和飲食自然減少了，就表示你能發揮內在的潛力，工夫開始用得上去。反之，如果你硬撐而透支了，即使睡上好幾天，可能都補不回精神，多夢而無法睡得深沉，身體便容易緊繃而睡得不好。

其實，放鬆休息也是一種精進，也是在用功。當你放下罣礙，心裡才會放鬆。休息時，不只身體要放鬆，心也要放鬆，才能得到休息。等你覺得自己休息夠了，就把方法提起來，如果發現又需要休息了，就把方法放下，好好休息。我們要觀察自己身心的狀態，用這樣的方式來調和。

一打坐就想睡該怎麼辦？

雖然進禪堂是為了精進用功，但是有些人一進禪堂，就很想打瞌睡。打瞌睡其實就是「昏沉」，佛教稱此為「睡眠蓋」，這是一種粗重的煩惱，會遮蓋住善法，讓善法不能顯現。

愛打瞌睡好像是現代非常普遍的一個現象，在傳統叢林裡，禪堂法師會認為昏沉打瞌睡是一種懈怠的現象，所以在禪堂裡，不准同學如此懶散。因為當你一昏沉，心也會跟著昏昧。在用功的時候，當方法用上去時，你的心一定是很清明的，會產生一種明覺的覺照作用。

假如你的心沒有覺照作用，就會陷入昏昧。如果純粹是心的昏昧，跟身體沒有關係的，就稱為「無記」。無記的意思，表示心是不清楚的，沒有分辨的能力。無記不能分辨是非黑白，當我們的心陷入無記時，就不能起分辨的作用，這是一種癡心所。與癡心所相應的時候，就表示心智處於無法分辨是非善惡的狀態。

在禪修裡，如果你陷入了無記，是很麻煩的，雖然在這種狀態下，還是可以入定，而這種定被稱為「無想定」，無想定是不能開發智慧的。陷入無記的狀態時，雖然是很專注地入定了，卻沒有覺照的心。我們平時在用方法的時候，有時也會出現無記的狀態，這和身體有關係，也就是「昏沉」。

昏沉是無記的一種狀態，打坐時，假如掉入這種狀態，就沒有辦法再轉化了。你可能可以坐得很久，而這也是一種定，但卻無法產生智慧的力量。如果定要與智慧相應，並且修行方向趨向智慧，在禪修的過程裡，一定要非常敏銳、非常清楚，保持覺照的作用。

你在開始打坐時，就要讓心保持在清明的狀態。雖然你可能因為身體疲累，而導致心陷入了昏沉、昏睡的狀態。這其實就和你平時生活的狀態一樣，忙碌了一天之後，身體自然勞累，晚上便需要好好休息。假如是因為身體疲累，所以在床上躺著休息時，心也跟著睡著，像這樣的睡眠沒有問題，因為這是身體的正常情況。但是在精進用功的時候，心昏沉了，坐的姿勢就不能坐得很好，所以我們會看到禪堂裡，有很多同學就在那邊「點頭」，無論老師有沒有問問題，他都在「點頭」。有些同學可能一支香、兩支香的時間昏昏欲睡，甚至整天都一直處在昏睡的狀態中。處於這種狀態中，其實並不舒服，因為渴望睡覺就表示身體非常疲累、緊繃，當然就坐得很不舒服。

大部分來禪修的同學，昏沉的現象其實非常嚴重，都真的是很愛打瞌睡，只有少數的同學可以一進禪堂，調好姿勢便放鬆了身心，直接開始用功，進入到比較深或比較放鬆的狀態。即使是每天都有打坐習慣的同學，也會發現剛開始打坐的一段時間，都會先昏睡一陣子，甚至需要小睡片刻，才能提起精神來打坐。事實上，打坐本身就具有調身的功能，能幫助你放鬆，發揮調和身心的效用。而在調和的過程中，便能將你一整天所累積下來的妄念、疲累、昏沉，通通都紓解了。

打香板可以趕走瞌睡蟲嗎？

一般來說，昏沉在禪堂裡，被視為是一種懈怠的現象，需要用方法來調整，有時候可能會用比較猛烈的方法，比如用打香板來讓大家提起精神。

香板是漢傳佛教系統特有的道具，在南傳佛教或藏傳佛教好像沒有看過法師使用。日本佛教法師運用的香板，好像比中國佛教還厲害，我們的香板像一把劍，他們的香板則像根挑水的扁擔，非常地長。因此，日本法師在打香板的時候，需要用兩隻手打，而且聽說打的時候，要打很多次，會一直拍打。

如果法師懂得打香板的要領，打下去是不會受傷的，因為大部分拍打的部位都是肌肉。日本佛教的法師通常是打同學的背部，當要打香板時，法師會要同學整個人趴下去，然後就拍打背部。至於中國佛教的法師，通常禪堂裡打的是肩膀，背肩兩旁有兩塊肌肉。因此，胖的同學肉多，被打時就打到肉，不會打到骨頭，瘦的同學則要小心了。

雖然很少同學被打了以後，精神真的就清醒過來，往往會因為陷入昏沉，而又很快地睡著了，但是打香板還是能起一些作用，因為打香板的聲音會此起彼落，讓很多同學即使想睡也不敢睡了。有的同學怕挨香板會沒有面子，因為這表示他昏沉、懈怠，實際上，除了打他的法師知道，其他人應該是不知道誰被打了。

當人昏昧的時候，常常會掉入無記的狀態。昏昧表示心沒有警覺，一方面是懈怠，另一方面心沒有警覺，就不是在用功。比打香板更有用的提振精神方法，還是要靠自己提起心的警覺。

如何面對打坐時的身體障礙？

有些人會納悶，沒打坐的時候，身體都沒事，一打坐就毛病百出，自己是不是不適合打坐呢？

當你打坐用方法調和時，身心會顯現各種不同的狀態。實際上，打坐顯現出來的問題，都是源自自己本身，是你日積月累所累積下來的一些問題或障礙，如果平時不懂得照顧自己的身體，也沒有放鬆身心，那麼一旦打坐，問題就會顯現出來了。比如說，之前摔倒造成的舊傷，或是運動造成的扭傷，或是睡眠不足的疲累等種種問題。這些問題平常可能潛伏不動，但是一打坐便紛紛冒出來了。

對於一般人來說，每年能打一個七就該算是精進修行了，可是因為平時沒有把自己的身心調好，所以進到禪堂的時候，不太能夠直接用功，不是身體問題頻出，就是發揮不出力量，主要都是因為平時身體無法放鬆。

有的人是因為打坐時身體不適，追根究柢才發現，原來小時候曾受傷。比如說，有個人是嬰兒時期沒被抱穩，被大人摔倒在地，卻未就醫檢查，長大才發現身體的瘀血未化解。還有個人的手比較短，也是孩提時摔倒，沒有及時處理，等到發現時，已經來不及了，而無法正常發育。

像這些特殊狀況，都不在人的能力掌控之內，它是自己的業報，簡單來說，就是我們所受的業。當你打坐的時候，這些業報顯現出來了，像身體或心理不舒服，你不能說它是好還是不好，因為它本身沒有所謂的好或不好，只是人往往用負面的角度去看待。如果你的態度很消極，甚至認為自己無法克服這個業障，那就會對你的用功修行產生阻礙，而不能發揮身體的功能好好打坐，這就阻礙了你的精進。

打坐的時候，就是要用方法，不然身體就無法產生力量。當你修行遇到障礙時，不妨轉念一想，問題已經發生了，就要好好面對。既然你已經在修行了，只要問題能夠顯現出來，就是好事，因為這正是你運用方法化解難題的好機會。

如何讓腿痛不干擾禪坐？

打坐時，腿痛問題若是處理得不好，會愈坐愈痛。很多人因為腿痛起煩惱，就想要放棄禪修了。其實，如果盤腿打坐，腿真的痛到受不了，可以先把腿放下來，然後再放鬆身體，重新調整一番。每一支香都是一個循環，無論是腿痛或腰痠背痛，都不要半途放棄，一定會有苦盡甘來的時候。

有一些人會暗自懊惱：「為什麼我以前沒有把腿功練好呢？」懊惱是沒有用的，腿痛不會因為你的懊惱就不痛了，那該怎麼辦呢？你要去觀腿痛，或是把它局部化，或者任由它痛上一陣子，盡量地安忍疼痛。

事實上，腿痛的過程，本身就是一種調整。正因為你的身體產生了調和的功能，才會顯現這些疼痛的徵兆，如果你輕易地放棄調和的機會，這一功能就會消失。等你一旦放腿休息，再把腿移回來的時候，這個調和的過程又要再重來一次，這樣你很可能整個禪七從第一天到最後一天，都已經最後一支香了，還是在忙著移動腿，因為腿痛的問題一直過不去啊！假如你可以熬過兩、三天的腿痛，將發現腿即使仍然會痛，卻不會干擾你打坐。

如果你運用觀念和方法，盡量放鬆自己，只要經過幾支香，腿痛就不成問題，不會再干擾你。即使仍然會痛，但是你已經可以接受它、處理它，最後就能放下它。即使這支香腿痛，也不要擔憂下一支香，腿會不會痛，假如你一直在想像下一支香腿會更痛，如何專心用方法呢？

有些腿痛的同學，會一直拖到休息時間的最後一分鐘才進禪堂，這表示他不敢去面對問題。正常來說，不要一聽到敲引磬的聲音就急著放腿，因為身體還是處於調和的過程，要按照程序輕輕鬆鬆地做完。休息時間到了，不要拖拖拉拉地不進禪堂，愈拖時間，心裡就愈害怕，障礙也就愈大。

如果你一直不敢去面對腿痛，它就會變成問題，變成是一種「惑」，也就是障礙著你的煩惱。如果你能該怎麼做就怎麼做，照著程序走，不要去想上一支香的腿痛有多痛，這一支香對你來說，腿痛反而不是問題了。我們很多時候會延續先前經驗的陰影，愈擔心就愈不敢去面對，最後小問題就變成大問題。我們在面對腿痛或腰痠背痛這些狀態時，要坦然地去面對，不要緊張、不要緊繃，不要緊著身心來忍，要放鬆地忍，也就是「安忍」。如果你能如此處理，會發覺練習幾天下來，身體狀況不再對你構成問題，可以很安心地用功。

身體出現的種種問題，只要能用正確的態度去處理，就不會形成障礙。如果它不成為障礙，用功就可以順著步驟次序，慢慢地用上去。在日常生活裡，面對問題和逆境現前時，要知道「報」的現前，是「業」所引起，不要讓它繼續迷惑你，要用慈悲心、智慧心、感恩心來看待和處理。

為何調正禪坐姿勢，卻反而不舒服？

在禪坐調身的過程中，當身體開始調和時，會出現一些狀況，比如肌肉或筋骨產生不適應或不舒服。全身感覺不舒服，卻說不出到底是哪裡不舒服，讓人心裡煩躁，坐立不安。

只要身體不放鬆，就不耐坐。當身體不舒服，卻又找不出原因，心便不能安定。因此，如果身體無法放鬆，會有種種不舒服的感覺干擾身心，而無法保持安定的狀態，好好用功。如果你的坐姿正確，當身體熟悉了姿勢，就會很容易放鬆。

有的人平常習慣歪著身體靠著椅子或桌子坐，當你調正他的打坐姿勢，讓他挺直身體，他反而還覺得身體怎麼歪一邊。我們很多習慣的坐姿，其實都不是好的習慣，比如會擠壓內臟，或造成身體緊綳，可是卻因為覺得這樣子坐很舒服，而自認為沒有問題。這種舒服的坐姿，不是我們打坐時所需要的舒服，打坐的舒服是指放鬆以後的舒服。而打坐的這一種放鬆的舒服，有時候需要打破我們以往的慣性。

舉例來說，為什麼有些人一挺腰就腰痠呢？因為他平時習慣彎腰而坐，把腰挺起來後，腰兩旁的肌肉應該是放鬆的，可是以前已經習慣拉緊，所以現在要放鬆它，就要重新調整。要把以往習慣性的舒服調正，不再壓迫身體器官，讓身體處在均衡和放鬆的真正舒服狀態，需要經過一段過渡期。

剛開始調整身體，肌肉或筋骨會有一些不適應的情況，其實這些情況都是來自平時習慣的錯誤姿勢，造成了身體的障礙和不通暢，因而在放鬆、調和的時候，就會顯現出來。生活中一些慣性的姿勢會壓迫身體器官，造成疲累不適，但是它沒有辦法開口告訴你，有時要等到生病了，或是用正確姿勢放鬆了，你才會得知自己平常是如何用錯誤的姿勢在壓迫身體的器官。經過調身的方法調和後，得到真正放鬆的身體，才會真的感到舒適。

為什麼打坐時，要把腰挺起？

我們常以為挺腰的姿勢，只有打坐盤腿才需要做，其實平常坐在椅子上，也是需要把腰挺起來，不要坐滿整張椅子，盡量把腳平放於地。這種坐姿稱為「正襟危坐」，看起來好像很嚴肅，實際上，卻是最放鬆的姿勢。

一般的椅子坐起來很容易靠背彎腰，可是如果坐在中國古董式的椅子，會發現一靠椅背，腰就會被它拉直，因為整個椅背是直的。由此可知，中國人懂得把腰挺起來的重要性，當身體處在均衡的姿勢時，最容易放鬆。談到放鬆，由於身體最主要的功能，幾乎都是在上半身，所以上半身最需要放鬆，除此之外，腳是支援身體的力量，所以也相當重要。

大部分的身體器官，都位在上半身，所以當放鬆了上半身，再加上放鬆頸部，身體就能夠在放鬆的狀態中，達到調和的作用。因此，我們平時要盡量保持挺腰的姿勢，雖然剛開始可能會覺得怪怪的，因為平時沒挺好腰，可能會有點駝背。大部分的人挺起腰時，會看似很嚴肅，其實這種姿勢才是最放鬆的。放鬆身體並不難，難的是要改變習慣。例如我們容易聳肩，肩膀要盡量垂下來放鬆，走路時垂肩，雙手自然擺動，這樣身體就容易放鬆。

為什麼放鬆身體很重要呢？因為身體的功能，基本上都是循環的系統，比如血液的循環、呼吸的循環、消化系統的循環，包括我們稱之為氣的體能或能量，這些功能在循環的時候，都需要通道。如果我們能放鬆身體，這些通道就會很通暢；反之，如果身體緊繃，通道就不通暢。

打坐是調身，意思就是把身體的姿勢擺正，在均衡的狀態裡，得到放鬆。身體放鬆了，循環系統就可以順暢地運作，從而把身體調好後，再進入調息、調心，工夫就很容易發揮。

調身的時候，要注意身體的姿勢，因為要放鬆身體，姿勢一定要正，如果肌肉被拉緊就難以放鬆，身體最好盡量維持在最均衡、最放鬆的狀態。

調整下盤有訣竅嗎？

打坐時，調上半身其實不難，只要把上半身挺起來用方法。對一些同學來說，比較難面對的問題應該是「下盤」，因為如果你要讓身體保持均衡，最好能將腿雙盤。所謂的下盤，範圍包括小腹、臀部和墊子之間、腳掌心。

單盤如果盤得好，腳能盤放在大腿上的話，其實也可以盤得很均衡。假如你做不到，下盤就會鬆散，沒有那麼穩定。

最穩定的下盤姿勢是三角形，每一個角都要貼到地面，當然，這時你的臀部需要墊高，不然腳的位置一定比兩個角（膝蓋）低，所以要靠坐墊把三個支點支在地面上，才能穩定。

為什麼打坐採用雙盤的時候，下盤最為穩定？因為這是等邊三角形，三個角的度數都是六十度，能夠做到最好。如果你做不到，兩個膝蓋就會張開，而且是愈來愈張開，造成角度的度數就愈來愈縮小，那就沒有這麼地穩了。

下盤不穩的問題，可以通過練習改善，如果你經常練習鬆胯、鬆腳筋，腳就會變得比較放鬆了，下盤可以漸漸地盤得穩定，然而，在調整下盤之前，你一定要先把上半身先調好。

如何知道身體調整好了嗎？

假如打坐時，你發覺身體愈坐愈不舒服，出現這種狀況時，你可以先檢察身體是否坐好，只要姿勢是坐正的，就可以不斷循環地放鬆自己，等到你覺得姿勢都調得很好了，確實很放鬆了，那麼即使身體有一點不舒服的覺受也無妨，因為那是一些調身所顯現的徵兆，讓你知道身體正在調整。由於你要把以前習慣了卻不放鬆的姿勢調整過來，調正到放鬆的姿勢，可是現在還不熟悉、還不習慣這種姿勢，所以在調整的過程，會出現這些徵兆。

如果你坐得很正，姿勢沒有問題，也知道自己在放鬆，那麼就繼續坐。當你逐漸熟悉姿勢，全身就會放鬆，不舒服的覺受也就過去了，它會變得很細微，剛開始的時候是在表層、外層，會感到痠痛、麻痹，經歷過這些問題以後，就會輪到身體內部，有時候會感覺骨頭裡好像有東西在鑽，讓你很不舒服，而坐得不安定。

如果你沒有遇到這些徵兆，就不必理會，繼續保持正確的坐姿。即使有這些情況，也會慢慢地消失，你會覺得身體很通暢。當你打坐觀全身，知道整個身體都在調正，坐得很放鬆的時候，甚至感受不到身體的重量。有些人會發現好像感覺不到某些部位，比如知道手部、胸部的存在，但是感覺不到重量，觸受的感覺很輕微，也就是說身體已經放鬆了。在那種狀態下，可以維持久坐。

一旦身體放鬆的時候，它很耐坐。你之所以不耐坐，就是因為身體沒有放鬆。如果身體沒有放鬆，氣血的循環會阻塞，而出現很多反應的徵兆。當很多觸受顯現的時候，受有苦和樂的不同感受。如果身體不通暢，都是苦受比較多，比如痠痛、麻痺就是明顯的觸受，讓人覺得很不舒服。當身體不舒服的時候，心理就受影響。當這種情況出現，就會坐到覺得不耐煩。事實上，放鬆身體是打坐的基礎工夫，打坐如果能按部就班地落實每個步驟，便能漸入佳境。

禪坐坐不住該怎麼辦？

打坐時，你未必每次都能坐得很好。如果一支香的時間是三十分鐘，有些同學坐不到五分鐘，心就隨著外面的聲音跑出去了，身體雖然不動，但是心並沒有一起靜下來。有一些同學甚至連半個小時都靜不下來，腿不停地移來移去，各式各樣的姿勢都出來了。如果身體真的調好了，身體就能保持安靜不動。

如果方法用不上，卻要持續靜坐不動，心就容易感到煩躁。尤其是身體和心都緊繃時，會產生更多雜亂的妄念。當心非常散亂時，如果想勉強用身體強壓下來，你會覺得坐不住、受不了。

遇到類似的情況，不要硬生生地把問題壓下來，我可能會建議暫時不要用完全靜態的方式用功，可以出去走一走，散散心。畢竟一般人都不是專業的用功修禪者，大部分時間都處於動態，除了睡覺，只有少數時間處於靜態。

強調打坐的重要性，實際上是藉著打坐止靜，讓我們可以用專注的方法來放鬆、調和、安定身心。當你熟悉靜態工夫後，即使回到生活動態的時候，工夫也不會馬上鬆散消失。

雖然打坐的靜態時間，不但是重要的用功部分，而且是最基礎、最根本的部分，可是禪修課程的大部分時間，卻不一定都用於此。禪修課程有很多動態的時間，除了運動、經行、開示，還有用餐、勞作、休息等時間。

當你處於動態的時候，也要用方法，比如出靜做運動，要繼續保持身心的收攝，心不散亂。拜佛的時候，要用拜佛的方法繼續在動態中保持身心收攝的狀態，經行也是一樣。如果在動態中能收攝身心，用方法繼續保持打坐的工夫，在打坐時，就能坐得深和安定。

打坐時的靜態用功，之所以不容易完全靜下來，一方面是因為心無法安靜，而達不到一心不亂的狀態；另一方面是因為生理和生活習慣所致，畢竟在大部分時間裡，身體都是處在動態中，包括睡覺也不例外，很少人的睡姿可以一直保持不動。如果睡姿很舒服，自然就睡著了，如果不舒服，身體就會不斷地移動和調整。

如果打坐的姿勢坐得很好，完全放鬆，可以久坐不動，連著坐上好幾支香，甚至一坐入定，會坐上好幾天。這是因為身體的姿勢均衡了，就能夠放鬆，放鬆的狀態很舒服，不需要再去調整。

身體姿態之所以需要調整，是因為坐得不舒服。生活中有很多你覺得舒服的習慣性姿勢，比如看電視、看書的坐姿，看似靜態，其實身體是一直不停地動來動去。平時的動作姿勢不耐久，所以在日常生活中，不只你的心不容易靜下來，身體其實也很少靜下來。如果想要讓身心都安靜，需要採用打坐的均衡姿勢，讓身心得以放鬆。當你熟悉了打坐的調身方法，才可能保持久坐不動。

動中如何禪修？

我們的身心大都處於動態的活動，很少有安靜下來的時候。不只靜態禪坐有方法可用，出靜之後做運動、跑香、拜佛，動態中也都有訓練身心的方法，要領為在身體活動的時候，心也要收攝。所謂心要收攝，不是說心靜止不動，而是心要和身體相互配合，當身體在活動時，心要清楚知道活動狀態。動中可以用這樣的方式，繼續保持收攝身心。

如果身體的動態有一定的規律，很容易處理；如果動態處在沒有規律的狀態，則不但心要收攝，而且要清楚地覺照身體的動態。舉例來說，打坐後的運動、拜佛、經行，都是有規律、有形式，這種動態可以用來訓練心。運動的時候，要同時保持身體對心、心對身體的動態覺照，如果能專注在身體的動作上，心就不會在出靜後，變得散慢了。不論是拜佛、經行，只要很清楚地知道身體在動，就表示自己的心是處在當下的因緣，既沒有跟著過去、未來的妄念跑，也沒有跟著外在的環境跑，都是收攝在當下的身心中。

在靜態用功時，當心安住統一了以後，心一定要能和身體統一，當你能訓練自己的心和身體可以相互配合，身心最後便能統一。由於我們大部分的時間都處在動態中，所以也要保持心的收攝、專注，並覺照身體，讓身體變成是心在收攝的時候，可以安住的一個境。

如果你從禪修有規律的拜佛、經行等動作，進入沒有規律的用餐、勞作等動作，都能保持安定的狀態，就表示你一直保持著攝心的工夫。懂得用方法的人，無論是靜態或動態，無論動作是規律或不規律，心都一直保持在對動作的覺照，也就是保持在當下因緣的覺照。如果這個功課做得好，等你離開了禪修的道場，回到日常生活裡，就能繼續保持這種身心收攝的覺照、專注狀態，這也表示你的工夫已經用進去了。

當然，你回到家裡的生活作息，不可能像在禪堂那麼簡單，非規律化的動態動作會更多，而且打坐的時間也減少了。這樣該如何把禪堂的安心工夫延伸到動態的日常生活呢？要領就在於繼續保持心的收攝狀態，讓自己的心時時刻刻地清楚覺照當下的因緣。能夠如此，你就是生活在禪中。

禪堂因為生活簡單，又有大家共修的氣氛，所以很容易用功。如果回到現實生活的時候，沒有持續收攝身心、安住當下，很快就會捲進生活的漩渦裡去了。這樣的話，每次參加禪修課程都要從頭收拾起，實在很麻煩。因此，運用生活的動中修，延續禪修的工夫便很重要了。

止靜工夫是禪修的基礎，如果工夫用得穩，可以幫助你在生活中，隨時隨地都很容易把身心收回來，安住在當下的動作上。因此，如果你能養成每天固定打坐的習慣，時間不需要很長，每次一到打坐時間，身心就能安定下來，放下所有的外緣，就是一心在打坐。能夠如此，你收攝身心的工夫就能持續保持，當你再次進入禪堂用功，會發現身心很容易安定，而用上工夫，能縮短適應的時間，很快地就由平常生活進入禪修生活，甚至是進入更深的止觀方法。如此一來，就能形成一個良性的循環，讓禪修工夫得到進步。

如果你在用功時，能很清楚地知道方法是如何運作，如何形成一個用功的循環，就能一直在此軌道上用功，並一直保持上進的趨勢。

〈第三篇〉

第二把鑰匙：調息

學不會數呼吸，就代表修行失敗嗎？

數呼吸的方法，又稱數息觀，是靜七的基本工夫，再更進一步的密集課程，則會教導話頭或默照的方法。很多同學會想：「我這次參加的靜七，教的是數呼吸的方法，所以我在禪期裡一定要學會，如果數不到呼吸，那就是失敗了，這個七就白打了！」假如參加的是默照七或話頭七，他們也認為一定要學會用默照或話頭的方法，如果用不上，那就是失敗了。

如果你參加的禪修課程，強調的是某種特定方法，而你認為必須學會這些方法，才能證明自己參加課程的修行是成功的。對於這樣的心態，若視為是一種發願，即你立志一定要學會，基本上並無問題。但是，如果你將這種願心變成是求功的心理，那麼問題就會隨之而來。一旦你抱著這種心態來用功，認為一定要在課程中得到什麼成果或學到什麼技能，就容易發生問題了。

無論你想學哪一種方法，甚至是學開悟的方法，老師都可以指導你，但是如果你的心態沒有調正，它就會影響你的心理和身體了。比如說，當老師講呼吸的方法時，假如你希望能夠很快開始數息、隨息，所以一坐下來就一直想快點找到呼吸，以為找不到呼吸就不能數了，如果不能數呼吸，這個七就失敗了。當你有了這樣的心態，為了快點找到呼吸，就會大力呼吸，結果變成用身體去控制呼吸。而當你一控制呼吸，就會用力過度，而無法放鬆了。身體無法放鬆時，表面上，你看起來是用上了方法，可是在這種情況下，修行是無法得力的。因為你只要身體一緊繃、一控制呼吸，就不能夠調息。

調息的要領是，要從粗重的狀態，經由放鬆、調和的過程，慢慢地愈調愈細。假如你從一開始用功，就把身體繃得很緊，當你在用力的時候，身體就會更加緊繃，當然沒有辦法再調細，會一直停留在緊繃的狀態。當你這樣子用功用慣了，久了之後，每次打坐就是粗的呼吸，那可就麻煩了！因為你已經用慣了緊繃的錯誤方法，想要換成放鬆的正確方法，將花費更久的時間。這就好像要在一塊空地上建房子，本來等畫好了藍圖，建好房子就沒事了，你卻貪快蓋了違章建築。所謂違章，就是不依法，胡亂蓋的，可能建到一半就不能再繼續建，那該怎麼辦呢？只好拆光再重新建過。你可以想見那個拆除的工夫有多麼麻煩，可是在用方法時，你可能常常是處於這種情況。

實際上，每一個步驟都是方法，這個方法既是一個調和的過程，也是一個放鬆的過程。在用方法的時候，一定要先回到自己身心的目前狀態。換句話說，你現在的身體是什麼狀態，就用身體所處的這種狀態用方法，這樣就能改進，得到成長。如果你發現坐下來後，身體挺不起來，或是挺得很辛苦，表示身體沒有放鬆。沒有放鬆該怎麼辦呢？那就要好好地練習放鬆的方法了！你在練習放鬆的時候，可以進一步去覺察自己的呼吸。如果覺察不到，要先回到身體的放鬆狀態。

找不到呼吸，可以控制或想像嗎？

如果你覺察不到呼吸，表示身體不夠放鬆，覺照的心也不夠敏銳。你要先用放鬆身體的方法來調身，先局部放鬆，而後整體放鬆。在局部放鬆時，要先把身體坐好、坐正。如果你的身體調正、坐正了，做了一、兩個深呼吸以後，發現注意力可以來到鼻端，此時就能覺察呼吸，然後數呼吸、隨呼吸。

如果你呼吸的時候，感到自己很緊繃，就放鬆身體，由局部的放鬆，到整體的放鬆。當你整個身體放鬆了，呼吸也放鬆了，才覺照呼吸，然後使用數息的方法。雖然這樣的過程，可能多了幾個步驟，可是這幾個步驟很重要，因為如果你的身體沒有放鬆，呼吸沒有放鬆，勉強用數息方法，就會用力。

假如你這麼一用力，身體就緊繃，然後呼吸也緊繃，心自然很粗重，而無法改進。雖然你看似在用方法，實則是用不上方法，因為你一用力，就不能改進，可能會停止不動，甚至有時候愈用愈糟糕。

比方說，有人注意不到呼吸就控制，或是注意不到呼吸就想像，像這樣去用力，經年累月下來，會變得無法用功，那就更不理想了。因此，用方法不要著急，還是要先放鬆身體，然後再使用方法。

使用方法要留意整體情況，仔細每一個步驟，依著身心的狀態來使用適合的階段方法。照此而行，你才能夠配合身心去用方法。你要用配合身心的方法，這個方法才能對你的身心調和發揮功能。

掃描全身放鬆後，如何覺察呼吸？

心的作用一定是跟著五根，所謂五根，就是眼、耳、鼻、舌、身。禪修時，鼻、舌二根比較少作用，眼根通常遮閉，耳根暫時不向外追逐，所以我們實際上用的是身根，身根也就是觸覺。五根的作用很敏感，會觸到全身，所以你很容易就知道整個身體的觸覺。

有一些同學的心很細，一坐下來就可以觸覺到全身，但是也有一些同學的心很散漫，感覺不到全身的觸覺，只能感受強烈的觸覺，比如腿痛。我們在用掃描全身的方法來放鬆時，其實就是用觸覺，所以你的心是跟著觸覺走。你要把注意力從身體的上面，慢慢地移下來，在放鬆的過程裡，其實是一直不停地往下放，先頭部放鬆、前額放鬆，如此一直往下放鬆到腳底，不要停止。

當你去感受觸覺時，如果心很粗，觸覺就會緊繃。你是通過觸覺來放鬆，所以如果發覺有些部分還不是很放鬆，那麼就重複方法，心會變得細一點，而且稍微慢一些。經由多次重複，你的心會愈來愈細，速度愈放愈慢，身體也愈來愈鬆。

當你掃描身體幾次後，心就能對整個身體有了整體的觸覺，然後就能觀整體放鬆。你可能會想要假想自己有一個身體的輪廓，但其實不需要想像，只要在觸覺的過程中，知道自己的身體有個打坐的姿勢即可，接著就觀想觸覺全身，如果心比較細，能清楚地觸覺到全身；反之，如果心比較粗，局部的部分會不放鬆而感覺很緊，心可能停留在觸覺比較強的部位。

練習有個要領，心不要受觸覺強的部位影響，而轉移注意力，只要知道就好，並告訴自己這只是局部，只是整體的一個部分而已，它就不會干擾你。

當你全身放鬆了，將清楚地知道身體的細微動作，你會發現腹部或胸部的起伏，雖然這也是呼吸的方式，但是不要停留在身體的這些部位，要把注意力放到鼻端，自然地呼吸。

有的同學可能不是先觸覺到鼻端，而是觸覺到心臟「咚咚咚」的心跳聲，或是觸覺到脈搏在跳動，這些都不要注意它。因為心臟、脈搏不是我們收攝和安住的點，如果你分心去感覺，心就散掉了。你應該將收攝和安住的點，移到鼻端來。

有時直接要求同學立即注意鼻端，會很難做到，能做得到的人，當然很自然地就放鬆了。如果你一注意鼻端，發現自己會控制呼吸，那麼就繼續用放鬆的方法來覺照全身。在覺照到全身靜止不動時，如果可以感覺到身體細微的起伏，就借用它來把注意力放到鼻端，覺察呼吸在此。

當你能覺察到呼吸了以後，就把注意力放在鼻端，感覺鼻端前面的呼吸進出，因為呼吸進出的時候，鼻腔裡會有觸覺。甚至你的心如果比較細，會感覺到更細微的氣息，因為鼻子在呼吸的時候，氣會流動。透過覺察鼻端前的呼吸進出，你的心就能保持安定。

覺察不到呼吸，為何要先放鬆身體？

基本上，當你放鬆了身體，身體每一個部位的觸覺都可以覺察，而且能整體地覺察，很容易知道呼吸的運動。呼吸在運動時很輕微，身體放鬆下來後，還是有起伏，如果你能夠覺察，再把注意力放到鼻端前面的呼吸進出，就知道不用找呼吸，它一直在那裡。當你覺察到呼吸後，注意力繼續守在那裡，等到穩定了之後，再來數息。當你數息數得很好，接著再隨息。工夫就是要如此用，步步踏實。

假如你練習數息，卻覺察不到呼吸，不要用力控制呼吸。因為你覺察不到呼吸，表示你的身體、你的心對身體的整體觸覺不夠敏銳，所以覺察不到。覺察不到可能是你的心不夠放鬆，很多妄念在動的時候把心拉走了。換句話說，當你的心容易被妄念拉走，表示它沒有放鬆，因為沒有放下妄念，便是沒有放鬆。此外，你的身體如果沒有放鬆，會產生一些不舒服的觸受，從而影響你的心，所以心會被比較粗的觸受拉走。

當你感到腿痛或腰痛的時候，會有觸覺，你之所以觸覺不到呼吸，是因為呼吸的觸覺很細微。如果你的觸覺很粗，由於它沒有放鬆，注意力一定會被它拉走。因此，你不要控制呼吸，可以把注意力放在全身。

當你想注意全身時，如果發現有很多妄念讓你無法注意，沒有關係，再重新調整一下，從你的頭頂開始來放鬆，一個部位、一個部位由上往下來放鬆，每一個部位都從觸覺再去觸受它。像這樣的練習，一方面讓你的身體可以放鬆，另一方面則能收攝你的心。你的心應該是愈調愈細，在調和身心時，如果細的部分進不去，表示你要回到前面比較粗的部分去調。舉例來說，調息如有困難，要回到調身的放鬆方法。

假使你發覺調來調去都不見效果，表示全身已經坐得非常不舒服了，而無法放鬆。你可以看身體是哪個部分沒有放鬆，或哪個部分不舒服，然後再去調一調。你把姿勢先調正一下，然後再檢查自己，比如說，下巴是否收好，舌頭是否上抵，手是否結好印，並輕輕地放在腿上，重新審視身體的每個部位是否調好。等你確定都調好了以後，再來放鬆，從局部的放鬆到整體的放鬆。你可以來來回回地運用這些工夫，這些都是方法。如果你的方法用不上去，表示前面的階段沒有處理好，要回到前面的階段來調。

注意呼吸就緊張怎麼辦？

有一些同學打坐時，只要身體坐直了，全身都調好了，這時教他用呼吸的方法，注意力可以很快就覺察到呼吸。呼吸本來就是滿細的，細到平時不太容易覺察到它。有些人一知道這個方法，心一收攝，不但很快就可以數呼吸，而且「數息」以後，就能「隨息」，隨了就能「止息」。

如何數呼吸呢？當你坐好了以後，把注意力移到鼻端，注意呼吸，覺察到了以後就「數息」，數呼出去的氣，從一數到十。可是，有的人想把注意力放到鼻端，卻找不到鼻端在哪裡，這該怎麼辦呢？他為了要注意呼吸，所以就大力呼吸，以為如此便有呼吸了，卻不知這是「控制呼吸」。還有的人注意呼吸時，會用眼睛看鼻子，也就是眼觀鼻端。因為呼吸進出是觸覺，而當他觸不到，就大力呼吸，結果很多問題就跑出來了。

另外，有些人沒有用心去注意呼吸，誤以為心就是腦，所以用腦去想，結果就大力呼吸，造成胸口悶不舒服。用了自己想像的方法去注意呼吸，卻沒有注意到自己的身體沒有放鬆。如果你也是這樣子注意呼吸，不但胸口會緊繃，頭也會脹痛。

如果你平時身體是鬆弛的，盤腿打坐時，很容易就可以挺起來，不但身體是放鬆的，呼吸也是輕鬆的，心自然就不雜亂了。因此，有些人心一收攝，人就安定下來了，沒有太多雜念。至於平時心散漫的人，如果身體又繃得緊，可能就覺察不到自己的呼吸，所以當他要去覺察、注意呼吸時，即使想盡辦法也沒用。因為只要他的方法是用力的話，愈用方法，身體繃得愈緊，緊到最後，表面上看起來是用上方法，實則是坐得愈久，身體愈繃愈緊，結果愈坐愈糟糕，不管他怎麼用方法都沒用。

很多同學學了好多年禪修，但可能因為老師經驗不足，沒有做好指導，所以每次一打坐注意呼吸，頭就脹痛。你要他放鬆，他卻做不到，因為頭脹的情況太久了，必須一層一層地紓解。很多同學你一要他去注意呼吸時，他就緊繃了，而當他注意不到呼吸，就想控制呼吸。因此，教他數呼吸的時候，他會控制呼吸，即使你叫他放鬆，他的身體還是無法放鬆。

因此，調息如果調得不好，還是要從最基礎的部分，先來調好身體。當你坐好了以後，就要用放鬆的方法，先局部放鬆，再來整體放鬆。在局部放鬆和整體放鬆的過程裡，要不斷地告訴自己放鬆，但是放鬆的方法要注意，有些同學不叫他放鬆，還沒有那麼緊繃，一叫他放鬆反而變得緊繃，所以我們告訴同學放鬆時，會等大家坐好了以後，從頂部開始放鬆，由頭部放鬆、面部放鬆、頸部放鬆，如此一路放鬆下來，整個人就能都放鬆了。

為什麼要數呼吸？

很多時候當你在注意方法時，心可能也跟著妄念跑了，或是被身體其他部位的觸受干擾。比如說，腿一痛，你的心就去注意腿痛了，打坐的時候，如果外面有狗叫或其他聲音，耳朵一聽，心就跟著聲音跑了，而且往往不知跑到哪裡去，要過了好一陣子，注意力才會回到鼻端注意呼吸。如果你的心覺照力不夠、警覺性不夠，就不知道自己分心了。

你一直以為心在注意呼吸，等到警覺分心以後，才能把注意力拉回來，在這中間的一段時間，不知道自己的心是跟著妄念、聲音或觸受跑去哪裡。你如果一直處於這種情況，就不會進步，因為心一直來來去去，無法安定。要想改善這種情況，就要讓注意力一直持續保持在呼吸上。可是，如果你不知道心被拉走，該怎麼辦呢？可以用數目字的方法，幫助你提起覺照或是警覺的心。

當你覺察呼吸，感到注意力比較穩了以後，就可以數一、二、三。如果你的呼吸在，也一直都在數，數目字卻不見了，這又是為什麼呢？因為你分心，卻不自知，所以就忘記數目字。當你發現自己沒有數呼吸，表示這一段時間你沒有在用功，要趕快收攝心，把心收回來，覺察到呼吸，再繼續來數。

數呼吸的方法也稱數息，方法是將呼吸加上數目，只數出息，不數入息，從一數到十。從一、二、三……，數到十回過頭來，再從一、二、三數起。每次數的時候，要很清楚地覺察呼吸以後，再輕輕地放上數目字。假如你數一、二、三時，發現數目字掉了，或是不知道數到哪裡，就知道覺照力、注意力不見了，必須要從頭再數起。

有時候數到十了，因為覺照心、警覺心被拉走，你可能就會習慣地繼續數十一、十二、十三……，因此數到十的時候，一定還要有覺照的心，告訴自己到十了，要再從頭數。當「一」這個數目字一放下去的時候，其實就是在提醒自己，正在注意呼吸。這樣你的覺照才會貼住專注的心，只要專注的心貼住呼吸上，你的心就開始收攝了。

如果你發現數過了頭，表示覺照心鬆懈了，該怎麼辦呢？你就把它放下，再從

「一」數起，不要讓心跟著妄念跑，或是跟著慣性跑。從這樣的過程，你會慢慢地發覺你的心一直知道自己在注意呼吸、在數呼吸。數了一陣子呼吸後，你就會愈來愈專注，發現把每個數目字放上去時，心是很清楚地在注意呼吸。當你每次把數目字放上去的時候，如果都很清楚，心就開始會凝聚。當心凝聚後，心就愈來愈細，專注愈來愈敏銳。

為什麼要用老師教的方法數息？

我們教導的方法不複雜，沒有什麼很特別的花樣，看起來都還滿容易的，但是當看到同學用方法的時候，才知道原來用方法沒有那麼簡單。問題其實並不是出在方法，而是出在同學自己。有的同學來禪堂打七，老師明明方法教得很清楚，但是不明白他為什麼偏偏要用不知從哪裡學來的那套方法。

比方說，練習的方法教了數息，告訴同學只要覺察到呼吸就數，從一數到十，數完再從一數到十，如此不斷地持續。不久之後，竟然有一位同學說他就是數不到十，每次大概數到五和六就不能數下去了。我就問他是怎麼樣數呢？他說他是吸氣後就開始數：一、二、三、四、五、六……，結果就沒氣了。我感到很奇怪，我們什麼時候教他那樣數的呢？我告訴他吸一口氣是數一個數目，他一口氣數十個數目，自然數不下去了。同樣的教法，其他同學都沒有問題，為什麼他卻跑出那樣的情況來呢？後來聽說好像有某個禪堂是這樣子教的，但是我從來不曾如此教過，他卻自創出這個方法。數息確實有很多種方法，但是你既然來禪堂打七了，就應該相信老師教導的方法。

禪堂在教方法的時候，都是照著我們傳承裡所學的方法告訴同學，所以方法基本上是沒有問題的，是很安全的，很多人都已用過了。有些人的工夫可以用得很好，可是有一些人就是用不上去，這是因為每個人的身心狀態都不一樣。如果你方法用不上去，就應該請教老師，而非道聽塗說或自創一格，這樣不但是在繞遠路，而且還容易走上危險的歧路。

什麼是隨息？

在你數呼吸數了一陣子以後，覺照和專注的作用會慢慢地靠攏，慢慢地結合起來。當覺照和專注的作用結合起來時，能清楚呼吸的狀態，然後你的心就能和呼吸在一起了。此時，如果你覺得數息的數目字是比較粗的，已經不需要計數了，那就可以把數目字放下來。

有一些同學數息數得很好的時候，數目字會自動地掉了，也就是說發現數目字比較粗，而心比較細了，數目很自然地就掉了。當心跟呼吸一致時，不管這個呼吸有多細微，你的心還是很清楚地知道，這就是「隨息」。

當你進入到隨息的階段，你的心跟呼吸是在一起，而且很穩定。如果在這個過程裡，你的心有一點空空的感覺，表示方法還不夠穩，要再把數目字重新提起來。當你隨息隨得很好的時候，呼吸會變得很細，但是這個很細的呼吸，還是保有微微的動態。

什麼方法都用不上，該怎麼辦呢？

當你什麼方法都用不上時，該怎麼辦呢？你這時只需要把身體坐好就好，什麼方法都不要用，就是繼續坐著。

你或許會擔心自己一直胡思亂想，沒關係的，只要把身體坐正就好。當你的頭腦打妄念打到有點累了，心就會乖乖地回到身體，然後開始調和身體，並且放鬆。因為你的心太散、太粗了，才會一直在抓東西，根本就沒有辦法把它拉回來，不如就任由它去，當它累了以後，就會乖乖地回來了。你的心不需要追逐妄念，它要怎麼想就隨它怎麼想。

事實上，我們平時也不容易做到這樣。因為當一個念頭來了，我們就會加上另外一個念頭，然後開始編故事了。故事會愈編愈多，所以要盡量做到不要再繼續編了。當你一覺察到心收回身體，身體就會放鬆了。心可以收回來，身體就會放鬆。整個過程裡，當你一坐好，其實身體就能放鬆，從局部的放鬆，到可以覺知整個身體都放鬆，心的妄念也會慢慢地開始減少，不會有什麼干擾。

如果你能覺察身體呼吸的運動，注意力很快地就會回到鼻端，覺察到鼻息，就能夠把呼吸數好（數息），數上去以後，方法慢慢地就愈來愈穩。當你的方法用得愈來愈穩，心就愈來愈凝聚，最後便可以把數呼吸的方法放下來，你只需要讓心隨呼吸保持觀照（隨息），甚至最後連呼吸也可以放下，心只是凝聚、安置下來，那就是止（止息）了。如果你的方法能用到這個階段，而且是很放鬆地用，就能體驗到工夫用得愈好，身心一定愈放鬆。

如何知道該不該放下呼吸止息？

當你打坐時的心凝聚到某個程度，它會不想動。如果心不想動，而呼吸還在動的話，可以把呼吸也放下。放下呼吸的時候，注意力會凝聚在心，但你會發覺它不是真的在外面有一個點，而是心在過程中凝聚了。你之所以能放下呼吸，因為這個時候呼吸是外在的，而你凝聚的心是內在的。

有一些同學的心凝聚了以後，會覺得空空的，不知道要做什麼好，那表示工夫還不穩，也表示有攀緣的習慣。當你的心放下了呼吸，它應該凝聚在心裡。如果你的工夫很穩，會有一種充實的感覺，並感到喜悅。如果你發現心很空洞，就表示你的心還想攀緣，不夠安定。

如果你數、隨、止的「止」不穩，就回到「隨」，甚至是回到「數」來加強工夫。等到你的工夫用得更穩的時候，再繼續前進。當你止的時候，方法應該很穩，心裡會很充實、喜悅，感覺整個身體很輕安，心不會想要再攀緣，這樣就是比較穩的工夫。反之，如果你的心還有點空洞的感覺想要攀緣，表示工夫還不穩。這時候，你要回到呼吸上，去覺察呼吸，如果發覺呼吸不穩，就數一數呼吸。

簡單來說，工夫不穩時，要回到上個階段重新打好基礎，才能再嘗試進階。等到前面的工夫加強了，方法穩定了以後，你再繼續用功，心就會安定了。

當你到止息時，心一定是很安定、充實、喜悅，身體也一定很放鬆、輕安。即使身體仍有一些細微的觸覺，甚至感覺到痛，你也能夠很容易放下，因為當身體放鬆了以後，心收攝了、穩住了，這些情況對你來說，就不會變成干擾。

當你的心穩定下來以後，再來做觀想。當心能夠止得很穩定時，使用話頭、默照這些方法，就不會感到困難了。如果你的心能夠止得很好，實際上，你的身體和呼吸也一定很放鬆、很自然，可能細微到心不去注意，會感覺身體好像不存在，但還是有很細微的呼吸。

因此，我們在用觀呼吸的方法時，是先覺察呼吸，再數息、隨息，最後止息。

〈第四篇〉

第三把鑰匙：調心

為什麼要調心？

修行的整個過程，其實就是在調心，剛開始先把散漫的心、雜亂的心，用方法把它調到比較粗，讓它不那麼散了、亂了，然後慢慢地將粗的心調細，再慢慢地把細的心調到一心。透過這樣的過程，等你達到一心的時候，就能集中心力，辦好很多事。

我們往往要到打坐的時候，才知道身體原來不是自己所想的那麼好、那麼聽話、那麼平靜。當妄念湧現出來的時候，才發覺心裡原來有很多煩惱在翻滾，平時都不知道是怎麼一回事。

你明明平時不太發脾氣，可是一打坐，為什麼那些藏在心中的仇恨、瞋心全都浮現出來了？這些其實都是在調和的過程裡，把你的一些問題挖掘出來了，才發現平時沒有調的身心、沒有注意到的狀態，原來是這樣的一回事。這也是你學佛後，為什麼知道了一些道理，卻用不上力量的原因。是什麼力量用不上去呢？心的力量。因為你的心太散漫、太雜亂了，所以沒有力量啊！

你明白了學佛的道理，知道修行應該要解行並重，可是真正要實踐的時候，卻感覺不到心的力量。當你感覺不到心的力量，自然就做不到了，包括日常生活中的很多事也是如此。你聽了很多道理，也知道應該怎麼做，可是實際去做的時候，卻做不好或做不到。雖然你做不好、做不到，這和你的業報有關係，但是業報是你的心去造作的。因此，追溯問題的根源，一定是回到心，所有的問題一定是源自你的心，必須要從心來改變。

在止的工夫裡，如果你能「制心一處」，就「無事不辦」，換句話說，如果你能把心修到定或統一的狀態，就會很有力量，不管你要辦任何事，都可以辦成。以開悟來說，它需要具備很強的心力，雖然你制心一處時，不一定就能開悟，但是制心一處以後，可以讓你達到這個力量，從而悟道。

如果你不能制心一處，很多想做的事都做不到。比方說，我們學佛後都發了很多的願，可是常常做不到。其實，這不是所發的願有問題，因為如果不能辦到，為什麼佛菩薩可以做得到，甚至我們身邊的人也可以做得到？當祖師大德和別人都做得到，表示這是可以實踐的願，做不到不是願的問題，而是我們本身的問題，是自己的心力不夠，不能制心一處，所以沒有力量完成想要做的事。為什麼我們所發的願，有些並不是很大的願，卻做不到呢？因為我們的心沒有展開行動的力量，所以要透過打坐來調心，讓心變得有力量。

如何調心？

你在用功的時候，重點是在調你的心，所以在任何時刻，當妄念來的時候，或是你發現妄念的時候，所用的方法是不追逐它，也不應酬它，盡量把心調回正念，調回用功的方法。你可以用這種方式，慢慢地止息妄念。

然而，這種方式只能把妄念止息下來，如要再進一步清理或滅除，還要再用觀法或是禪的方法。如果你連妄念都不能沉靜下來，心就很容易跟著妄念走。當心跟著妄念走的時候，你也很容易再加入想法或追逐妄念。一旦如此，輪迴不但會繼續，而且可能愈演愈烈。

你剛開始學禪的時候，要先練習用止的方法，讓心安定下來，讓妄念沉靜，心才會有力量，能制心一處，當你再進入更深的方法應用，效果會發揮得更好。

因此，現在所用的方法會偏重在止的部分。止和觀的方法，之所以偏重止，因為止是止觀法門、禪修法門的基礎，所以先以此直接調和身心。你在調身心的時候，如果身心處在粗重、散漫的狀態，心將沒有力量。身體如果粗重、緊繃，不能放鬆，心將不容易調細，而難以安定。

如果你的心散漫不安定，無法放鬆，表示妄念很多，那麼無論你使用什麼方法，心也不會有力量。因此，你要先用方法來「調身」，把粗重、緊繃的身體，調得比較細、比較放鬆，然後再借用呼吸來調和，也就是「調息」。當你的身體放鬆了以後，呼吸就會放鬆，你可以借用呼吸來「調心」，把心調細以後，才可以專注。

當你想要使用觀的方法或禪的方法時，一定要先把心安定下來，也就是先修止的法門，所以學習止的法門是很重要的。然而，修行不會一直停留在此，當止的工夫修到一心的時候，就進入到觀。你的心要從很散漫、很雜亂的狀態，慢慢地調到比較粗，然後再把心調到比較細，最後達到一心，這種調心過程，需要相當多的時間，因為你平時的狀態都非常粗重、散漫。

當你用方法來調身心時，如果狀態很散漫，要用基礎的方法來調。在調和的過程中，將能漸漸地發揮出作用。如果你在用功的時候有用上方法，能一步一步地用的話，身心就會安定下來。當你的工夫用得很好，能收攝身心，保持安定，就可以再進一步地用禪法或觀想的方法。

其實，這些方法都不難，如果你的方法用不上去，不是觀的方法不對，而是你的心太散漫了。比如你用話頭的方法，結果心很亂，根本發揮不到效果，那就表示你的身心有問題。因此，在用功的時候，一定要調好你的身心，你會從中發現自己的身心存在著很多潛伏性的問題，需要化解。

如何讓心靜下來？

我們往往坐下來後，總是忍不住要動一動，想要完全靜下來是件很困難的事。連身體都如此好動了，心還靜得下來嗎？心當然靜不下來，所以需要一步一步地來調和，首先要把身體安定下來。

在調身、調息、調心的方法裡，當然不只是學靜態的用功，我們也要學會在動態中用功。主要是因為我們生活的大部分時間，都是處在動態中。由於我們平時生活都動慣了，所以安定身心的時候，要先把身體安定下來，這是很重要的一個工夫。打坐有打坐的形式和方法，如果我們連這部分的工夫都掌握不到，將很難在動態中用功。

禪修是有次第、有步驟的，但是有些人認為禪宗大師常說「禪不在坐中」，就以為自己不需要靜下來，不必靜坐，這樣就是禪了，這些都是空口說白話。當連叫他安定下來都無法做到的人，竟然告訴你說：「我在動中就有禪。」那是騙人的。我們不要以為那些禪師只在動中很有智慧，當他要靜下來的時候，他可是一坐就靜了，因為他的心隨時都可以收攝。他的心能夠做主，所以要靜、要動是任由他決定。

我們的心如此散漫，該怎麼辦呢？那就要讓心先靜下來，再慢慢地去調，我們一定要通過調心的方法去調。如果有人說他有多少的境界，靜中定力多好，動中多自在，只要他無法靜下來，就不可能有這樣的工夫。一個真正工夫用得很好的人，像佛陀或是歷代禪師、聖者，他們隨時只要一坐下來，想要入定就入定，但是很多菩薩是為了要度眾生，所以在生活中隨緣示現。菩薩的利生行為本質，其實含有一種靜態，也就是說他隨時都可以安定下來。他的心很細、很專注，隨時一收攝就靜下來了，甚至即使他是站著的，想要入定就入定了。因此，那些動得很厲害的人，說自己是在動中修，不用靜坐，當然都有問題。

用功修行的人，大都還是需要透過調心的過程，才能動靜皆自在。實際上，開發智慧需要用觀法或禪的方法，這需要經過止的部分，也就是要把心收攝到一心不亂的狀態。如此一來，我們的智慧才能發揮，這也包括出世間的智慧，否則是發揮不出來的。散漫的心只可能會有一些小聰明，不可能有真正的智慧，更遑論所謂出世間的智慧。

世間所謂的聰慧，常常是指能和人辯論，口才很好，或很會寫文章，可是做這些事的心並不太需要專注，所以有些人還是可以做得到。但是，這種聰慧對調和我們的身心，或修行所要達到的止靜，或幫助出世間，作用都不大。我們必須要通過禪定的工夫，才能通往出世間的智慧，得到開悟境界的顯現。

為什麼要把心調細？

心要細到可以覺察出念，當然就要調到比較細，要到達一心，才可以看到剎那生滅的念。不然的話，你都是依著慣性而行，因為心在動的時候，都是按照組合的作用而形成慣性，若看不清，就會依著慣性而行。

所謂組合，意思就是它是由很多的單位所組成。為什麼你做事會有慣性呢？就是因為心在動的時候，也就是在對境的時候，它所觸到、接收到的訊息，在你的心裡是一個組合的作用，所以是整個組合的作用在面對這個過程。

這些心的反應、作用，就是「心所法」，而在這個組合裡的心所法，是一直不斷地處於變化的過程，有時候增加幾個心所法，有時候則減少幾個，由此形成了整個的認知，也就是你能認識和反應的那個作用，但是這一作用非常快速、非常細微到難以發現，往往當你能覺察時，已經是組合到很大的作用了。因此，那些很細微的動作、心理，你無法一個個去覺察心所法，都是在組合成一個很明顯的作用以後，才能發現。換句話說，你所看見的妄念，其實是一個組合、一個組合的作用，你的心要調得很細時，才能看到一個又一個很細微的念在生起。

你現在看見的心念，其實是很多念頭的組合，當它顯現出來被你發現，才能分別出它，很多是來自過去的經驗，也有潛藏著的一些業識種子，在你做反應的時候，它就發揮了習慣性的作用，也就是你的業，形成了這個報，讓你用這樣的方式去做反應。

舉例來說，身心是五蘊的組合體，五蘊包括：色蘊、受蘊、想蘊、行蘊、識蘊，當你看見一個物品時，也就是眼根接觸色塵，產生眼識，你的意識從眼根、眼識接收到訊息，心裡就產生了受、想、行，有了感受，就會對它取相，從而分別它，然後採取行動。當你看見物品時，雖然「受」是放在「想、行」的前面，其實它們在運作的時候，是一組合的。

當你看見物品時，會對它產生喜歡或不喜歡的感覺，於是你的情緒就會開始波動。除了喜歡的「樂受」和不喜歡的「苦受」，還有一種是不算喜歡，也不算不喜歡，屬於「不苦不樂受」，可以稱為「捨受」或是「無記」，也就是你不能很明顯分辨它是苦還是樂，是喜歡還是不喜歡，所以這一種是中性的捨受。

大致上來說，你的反應分為樂受、苦受、不苦不樂受這三種，差別只是哪一組的作用強，反應顯現出是比較喜歡的、比較樂的，還是比較不喜歡的、比較苦的，有些反應可能很強。你有時很快地表現出喜歡的反應，甚至是很強烈的喜歡，有時則是很強烈的討厭。比如有的人臉上表情是掩不住的，他的臉讓你一看就知道他歡迎你來，有時則給你臉色看，讓你知道最好不要和他講話。

事實上，你平時也常常顯現這樣的相給別人看，就是一觸到境的時候，反應就來了。你會思考它、分辨它，從此取相，然後根據你所取的相、你的感受，採取一些行動，也就是五蘊的「行蘊」，這在心所法裡稱為「思心所」。

「受、想、行」這三種作用，「受」是情緒的、感情的作用；「想」是知性的作用，也就是分別相的作用，知道去分別它、分析它，然後接下來就是意志的行動，讓你有反應、有行動。有一些反應是內心的，有一些則是顯現為外在的行動。最後形成的「識蘊」，也就是業識了。

你在觸境的時候，一般都是這些作用，組合性的作用都會生起。然而，你很少能分辨得到，因為你的心不夠細、不夠敏銳，所以見不到剎那的念，或是每一個念。念比剎那還微小，而你的心太粗，所以很難分別得出它。

你能覺知的，都是已經組成一個很粗的念，那就是妄念了。事實上，那個妄念是由很多細微的念頭所組合而成。因此，這樣粗的妄念有太多的作用，實在很難處理，它們不但會互相牽制，而且粗重的妄念作用很強，所以當你發現到妄念，就非常容易被它拉走了。因此，需要透過打坐調心，把心調細。

調細是為了看清心念，因為心念是在慣性中組合打包，若不能看清，就會順著慣性跑，為了不隨慣性而行，必須要看清心念。

打坐為何能看清自己的心？

我們說打坐能幫助了解自己，意思是說能看見自己的心，也就是看見心所法如何在運行。當然，唯識學分析心理運作的現象，是就眾生心識的普遍共性來談，告訴我們心所含藏的功能。但是這些心的作用，每一個人在審查自己內心的時候，又會發現有所不同。

比如說，有些人是貪念強，有些人是瞋心強，有些人則是愚癡，不太會分辨是非，或是錯誤的知見特別多。很多人在接觸宗教時，本身已有成見。有些人不一定認識什麼宗教，但是從小就是喜歡往寺院裡跑，可是也有些人從小就排斥宗教，認為是迷信。

我剛開始是信仰民間信仰，後來接觸到佛法，覺得正信佛教的層次更高。在修行的整個過程裡，吸收佛法後，便形成自己心裡的知見，不管是正見或不正見，想法就開始有了調整。心理功能就是如此，是一種組合的作用，會互相影響，從而產生種種的功能。

人們在交談的時候，有時候兩個原本談得很開心的人，突然間翻臉了，然後就吵架或打架，這樣的過程會很奇怪嗎？事實上，心的作用是一連串組合，原本兩人能講得開心，是因為整個組合裡都是歡喜的內容，那為什麼突然間會冒出瞋念？因為過程裡有潛伏性的瞋心，它雖然沒有發作，但是一直潛伏著。

因此，當其中一人聽到某句話揭開了他的傷疤，本來是歡喜的組合，是樂的覺受，瞬間就變得很刺耳。當起了瞋心後，心的所有作用便全部更換了。因為心理作用是一組的，有遍行心所法，還有煩惱心所法、善心所法一組，一觸到的時候，瞋的心所法就生起來了。為什麼開玩笑會翻臉不認人，而且變臉的速度很快？因為我們的心念是組合性的，運行速度很快，只要一吸收到資訊，一翻臉就顯現瞋的行動了。有時候雖然只是開玩笑，但是一句傷人的話，拳頭馬上就揮過去了，因為這句話太刺人了。有時候說話的人其實是無心之過，他不知道自己說這句話竟然如此傷人，可是因為心是組合的，所以聽者很快就會產生變化，而且在變化中一直不斷地如此運行。

我們無法掌控自己的心，事實上，也沒有力量去掌控。通過這樣的分析，我們會對自己的心理有更多的了解，在打坐的時候，當心沉靜下來後，這些心理作用其實還是一直上上下下地在運行，只是這些組合會變得比較細，所以我們就容易分辨得出比較細微的部分。

從每一個剎那裡的種種念，都可以清楚地看見心是如何運作的。這些念如果都是和煩惱相應的，那麼在細微的念裡，只要能發現它的話，就比較容易處理了，可是成串組合的心念，就比較難以處理。我們在用功的過程裡，要能覺察妄念。

我們的個性是由生命顯現出來的，實際上，個性是由我們的心所法在運行而成。心所法在運行的時候，它有組合、有慣性。當我們某一方面的作用常常運作，它的組成就會很堅固，所以當它發揮出來，也就是觸境的時候，這個部分的作用會非常明顯。

舉例來說，有些人的生活非常緊張，當他養成了緊張的個性，無論發生什麼事，他的反應就是很緊張，而變成一種堅固的情況。有些人不容易與人相處，精神長期處於緊繃狀態，你一碰他，他的脾氣就爆發出來了，因為他跟瞋心相應的心所法生起來了。

至於我們自己的心，是怎麼樣的一種情況，則很少能看到。如果你在打坐的過程裡，可以審查到這些心裡的情況，就可以知道自己偏向哪一方面的作用。這些都是你的身心在轉化或調整的過程裡，可以去應用的方法。

如果你知道自己的瞋心重，可以看佛法有哪些方法能幫助你去對治或轉化，你就用它來幫助你調整、改善。換句話說，你要知道該用什麼方法來加強你的定、加強你的慧，以及加強一些對修行有幫助的作用。

當你了解了自己的問題，以及普遍上的心理功能，你在修行的時候，就懂得如何用佛法來幫助自己調心。佛法的心理學裡，提到很多的這些內容，對於修行和用功都有作用。你如有興趣，可以閱讀一些和佛法有關的心理學資料，這些資料在唯識學的系統裡講得特別多，但是唯識學不只是談這些部分，還講到更深的第八識作用。心理學部分，是我們在表層的時候接觸到的，當談到心所法的心理作用，一般是第六識的作用比較多。在打坐用功的時候，是第六識在用功，會用到和第六識相應的心所法。如果你對此有一些了解，對於觀察心理作用會所有幫助。當我們清楚了心理的作用，在運行它的時候，就會比較清楚如何調整、轉化。

妄念是如何形成的？

你在打坐時，之所以很難處理妄念，因為它是由不同心念所組合而成，只有當你把心調至細微，調至可以分辨出組合而成的這些念，你就會發現它原來有好幾組。這也是為什麼唯識學在講心所法時，要分得那麼細的原因，共分為六位五十一心所：遍行（五個心所）、別境（五個心所）、善（十一個心所）、根本煩惱（六個心所）、隨煩惱（二十個心所）、不定（四個心所）。

舉例來說，你打坐起瞋心，以為只是動了一個念，其實瞋心還可細分出好幾種心所法。因此，唯識學的心所法，將這些心理作用分類細分，讓你知道這些妄念如何運行、組合，以及所產生的影響。

心所法有很多組，稱為「遍行」的這一組不管出現什麼境，一定都有「觸、作意、受、想、思」的作用。根、塵、識三者結合的作用，稱為「觸」。觸境時，必和五根、五塵、五識之間產生了別作用，比如眼根觸到塵會產生了別作用，知為色塵。「作意」是注意，作意和觸兩者有時很難分清先後。「受」、「想」是因情緒反應起分別。「受」可分為苦受、樂受和捨受（不苦不樂受）三種。「想」是於境取相。「思」即是意業。「五遍行」的前四者「觸、作意、受、想」，是對外境的認識、感受、取相作用，不會造業，而「思」心所法會連動到其他心所法，所以力量最強。

「別境」是指你對某個境特別熟悉，只要一觸境便能快速認知。入定時的意念，便屬於別境，雖然功能很明顯，卻需要固定對象。別境需要你特別用心，才能產生作用，包括：欲、勝解、念、定、慧，這些作用都是特殊的境，定、慧也在其中，但是五遍行和別境沒有善惡之別，這一類心所法的心理作用，在產生時是中性的。至於「不定」心所的悔、眠、尋、伺，則不屬於善和惡，所以稱為不定。因此，抉擇的善惡屬性，決定於善心所法和煩惱心所法。

善心所法和煩惱心所法是兩個完全相對的心所法，善心所法只有十一個，煩惱心所法則多達二十六個。煩惱心所法可分為根本煩惱（貪、瞋、癡、慢、疑、惡見，共六個）和隨煩惱，隨煩惱又可細分為大隨煩惱（掉舉、昏沉、不信、懈怠、放逸、失念、散亂、不正知，共八個），中隨煩惱（無慚、無愧，共兩個），小隨煩惱（忿、恨、惱、覆、誑、諂、憍、害、嫉、慳，共十個）。根本煩惱深細，不易覺察；隨煩惱粗重，較易覺察。

認識了這些心所法，當你覺察到妄念時，就可以清楚看出是哪一類心所法，以及如果是屬於比較重的煩惱心所法，又以哪一類的心所法比較多。打坐時出現妄念煩惱，是指出現煩惱的心所法時，即妄念生起時，心會被擾亂。妄念出現的時候，心就不由自主地跟著煩惱習氣走。

打坐時，如何透過心所法來認出妄念狀態？以起瞋心為例，「瞋」屬於「根本煩惱」，是比較深細的心理作用，由此細分出的「隨煩惱」，有很多和瞋相應的心所法，比如惱、害、恨等。假如你打坐出現某個人的影像，因曾被對方欺騙，就會「惱」他，而起了一組「惱」的心。這不只產生在你的妄念裡，意識也有此法塵，這些心理作用在運行時，就產生了各種組合的作用。當這些作用在你的心裡顯現時，不只是心所法的作用，也屬於你的心理，屬於你的業報。

你之所以會看到妄念，是因接觸到這個境才做出反應，顯現出心的作用，所以會覺察哪一組念的力量特別強。打坐時，如果心能調和、收攝，便能安穩住在方法上，而可以看到一組又一組的妄念生起。當看到妄念運行時，便可從心所法知道自己哪一類的心理作用特別強。如果瞋心重，妄念會和瞋念關聯；如果貪心重，妄念會多貪念。由此過程，可以覺察自己的心理狀態，了解妄念的形成因緣，從而找到解套方法。

妄念很多怎麼辦？

你在用方法的時候，就是練習讓心愈來愈簡單。當妄念一顯現，你就讓它過去，過去了以後，它就會沉下來。沉下來的妄念，如果是輕微的，可能就真的過去了、消失了；假如沒有的話，每當妄念來一次，你就讓它的力量減輕一次，也就是來一次就減輕一次，這樣你的業就會愈來愈輕。

對於妄念，既不要追逐它，也不要再加入新的念頭進去，它的力量就會愈來愈弱，你每次打坐的時候，就是只管用方法，什麼狀況出現都不理會，遇到問題就是回到方法。

我們講方法的時候，就是能數呼吸就數，能隨呼吸就隨，如果不能數也不能隨，能覺察呼吸就覺察呼吸，把心安住在呼吸上。如果你覺察不到呼吸，就回到全身放鬆，也就是整體的放鬆。當你整體放鬆後，如果發覺受到干擾，那就再局部放鬆和調整身體，你要把心一直安放在方法上，事實上，這些過程都是方法。

假如這些方法你都不太能用得上去，也可以念佛號，或者思惟一些法義，不然就背誦經典或經句，讓你的心處在簡單、能和正法相應的狀態裡。當這些妄念浮起來了，你把它放下，既不追逐，也不執著，回到方法，回到正念。不論是念佛或念法，其實法就包括義理和方法，總之，你就是一直回到正念來。

當你回到正念，這些妄念就會逐漸地減輕，而在減輕的過程裡，有時候它就消失了，或是力量就減少了。因此，當妄念再浮起來的時候，就沒有力量干擾你，你的正念力量會愈來愈強。此外，因為你用的是修止的方法，所以心會愈來愈凝聚，當你的心變得簡單，凝聚到最後就一心了，不受妄念影響。

即使有些妄念並沒有被解決，但是至少它沉下來以後，你的心會變得穩定、安定、簡單。在這個狀態裡，你可以更深一層地去發揮心的功能，觀想或是修禪。你會發現在修行過程中，最大的問題還是心的問題。

你不要讓心一有什麼問題就跟著追逐，然後變得很雜亂。雖然在現實中，你的心就是有那麼多的妄念，這些都是由你的業報所顯現出來。你不要追逐業報，應該要用方法來調和身心，讓心趨向簡單，趨向一心，讓你的心跟隨正法，並與佛性的種種功德相應，不要再四處跟著妄念跑。

在現實生活中出現業報的時候，如果你的心能很快回到方法來，不跟著業報走，也就是不跟著妄念走，身心很容易就能安定下來。面對妄念，包括面對妄念的負面情緒，以及不正確心態所產生的干擾，你要抱定一個簡單的原則，就是不管遇到什麼問題，不管出現什麼妄念，一發現就回到你用的方法來。遇到身體發生狀況也是一樣，受到干擾了以後，你一發現到就回到方法來，便能把心凝聚、收攝，然後讓它安定下來。

打坐正安定，被人咳嗽破功怎麼辦？

禪坐共修時，旁邊的人可能咳嗽咳兩聲就沒事了，如果你因此生氣，平靜的心就被他打斷了。特別是看到對方還坐得那麼好，便想以其人之道還治其人，也要干擾他，讓他坐不下去，這種心態是在打坐嗎？是在修行嗎？當然不是，要把負面的情緒、不正確的心態、不好的心理調正過來，這才是修行。

瞋是煩惱，相反的是無瞋。如果你因別人咳嗽打擾而起瞋心，就是起煩惱了。而你貪戀於原本的平靜境界，這是起貪心，也是起煩惱。因此，你不要起瞋心和貪心，要用無瞋的心和無貪的心去面對問題。

你為什麼會生氣？因為你貪於自己的境界，當你被吵到出靜的時候，對好的境界起了貪心。因為貪不到，所以就起了瞋心，對那個打擾你的人生氣。當你坐得好好時，喜歡這個境界，也是一種愛染。當你離開了自己喜歡的境界，這也是「愛別離苦」，然後對打擾你的人產生「怨憎會苦」。當愛別離苦、怨憎會苦一起生起來，再加上貪心、瞋心，結果你整支香就都不用打坐了！

你要懂得調心，知道境界雖好，但是不能染著，要起無貪的心。既然因緣如此，就不要生對方的氣，畢竟大家來打坐，沒有人想要故意吵別人，讓別人不能打坐的。咳嗽的同學絕對沒有這種念頭，他不是故意的，可能是喉嚨癢或有點感冒，因為不舒服才咳嗽，你要這樣子去關懷他。你不但不要跟他生氣，反而要起無瞋的心，並把它擴大，轉成正念，轉成正面的心理，也就是慈悲的心。

你除了不要染著剛才的境界，不要生氣，心中保持正念，也可以迴向你的功德給咳嗽的人，希望他能盡快解決身體不舒服的問題，坐得更好。當你把功德迴向給他，就是用慈悲心來對待他，並同時息滅自己的瞋火。當你的心調正後，再來用功，心就收回來了。反之，如果你繼續生悶氣，懊惱好的境界被打斷，可能就會沒完沒了。貪、瞋的心生起來時，一定是和癡在一起，這也表示沒有智慧了。如果你有智慧就能分辨，並離開這個境界。

因此，你要用無貪、無瞋和無癡的心，把功德迴向給打擾你的人。這樣你的心就能保持安定繼續打坐，不隨煩惱翻滾了。

打坐被蚊子吵怎麼辦？

我們打坐時，很容易被外境干擾而發脾氣。例如原本你坐得好好的，開始有了所謂的境界，結果蚊子突然飛過來，什麼境界都沒有了，這要怪罪蚊子嗎？

蚊子其實只是一個外境，是你的心動了念，才打破了平靜。我們很多的負面情緒，屬於煩惱的心所法。煩惱可分為「根本煩惱」和「隨煩惱」，根本煩惱比較粗，隨煩惱比較細，都會顯現出來。煩惱在運行的時候，假如是從內心深處顯現出來，因為工夫在調的時候，都是從粗慢慢地調到細，從外慢慢地調到內，所以當你的工夫還在外層，而煩惱卻從裡面冒出來，你就翻車了，無法保持安定。

當蚊子引動你內在的煩惱，由於這種心理是從裡面浮出來的，所以你表面上好像用了一點工夫，坐得不錯了，靜下來了，感覺自己有點收攝身心，可以用上方法。然而，因為煩惱是從內心裡冒出來，所以外面的工夫壓不住它。煩惱其實不是來自外境，而是外境引動了你內心的煩惱，而且是內在的、深的，所以你表面的淺工夫，當然就安定不了。

因為我們的內心有很多深沉的煩惱，所以在用功的時候，都必須面對這樣的問題。有時候是直接浮現妄念，有時候是浮現惡根。惡根是煩惱的根，會顯現出某一些業報的相，它有時浮現，有時潛伏。

打坐時，被蚊子叮或聽見蚊子飛的聲音，只要你的心被挑動了，煩惱就顯現出來了。如果你的工夫淺，自然就被影響了。如果你能對心裡的種種煩惱或潛伏的業報，具有正確的認知，就能妥善處理。一隻蚊子的叫聲就能讓你起煩惱，你究竟是在煩惱蚊子，或者這其實是自己內心本有的煩惱呢？

如果你沒有辦法解決這個問題，不管再怎麼用功，外境都會引動你的心。換句話說，不論是螞蟻、蟑螂，都會變成是你的煩惱了，其實真正的問題要回到自己的心才能看清。當你發現起了煩惱，是否有辦法回到方法上，不受它的干擾？這不是指不被蚊子干擾，而是指不被你自己內心的煩惱干擾。這是一種止的工夫。如果你在知道蚊子發出聲音的同時，心不受它影響，還是回到方法上，止的工夫就會穩定，不起煩惱了。

如果煩惱生起以後，自己本身止不下來，可以觀你自己為什麼要和蚊子生氣呢？如果說牠吵到你，牠真的吵到你嗎？為什麼牠不找別人，偏偏要找你？或許是這隻蚊子和你有緣分，所以專門找你的麻煩。如果你當牠是來找你一起玩呢？如此一來一往地玩，最後蚊子玩夠了就飛走，你也不會坐在那裡氣呼呼，甚至氣到第二天、第三天，還在惡性循環。整個七因為一隻蚊子而沒打好，回家後要買殺蚊劑向蚊子報仇嗎？其實這真的是個小問題，但我們卻常常「小事化大」，當心裡一起煩惱，什麼工夫都消失不見。

如果不只蚊子，其他同學也不斷發出聲音干擾你，該怎麼辦呢？你這時要做的事是用方法調心，不需要為外境而起煩惱，如果你因而煩惱，不是外境有問題，而是你的心有問題。你先設立了條件，認為自己用功用得很好了，所以不准外境來干擾你，要求所有人：「我現在在打坐，不准你們吵我！」如果你這樣設立條件，最後會把自己給弄翻了。

你不能只是處理表面上的問題，卻沒有處理好自己的心。問題不是在這隻蚊子，而是你的心跟牠相應，所以牠當然就干擾你了。如果你能回到用功的方法上，調自己的心，這件事也就放下了，不然的話，你一直跟著外境轉，問題必定會沒完沒了。

打坐想到仇人而怒火中燒怎麼辦？

有時候打坐雖然沒有外境干擾，心卻起瞋念，而浮現一些和仇敵交惡的畫面，這些影像是因為你心裡一直放不下它，所以儲存下來。打坐如果浮現這些影像，你要回到正念。所謂正念，也就是你的方法。當你在用功的時候，方法是最重要的，不論是數息、隨息，或觀察身體，你必須回到方法，當你能夠回來，心自然就會恢復安定。

如果你發覺到心波動，瞋心生起來了，無法回到方法時，可以觀察自己的心，用正念來代替瞋念，讓自己從負面情緒中抽身。當你想算計人、報復人，或是罵人的時候，誰會先受傷呢？當你想要開口罵人的時候，話還沒有說出口，那些惡言惡語必然是先在你的心中翻滾，而在翻滾的時候，這些話是在罵誰呢？是在罵你自己，因為只有你知道這些內容。

你如果實在氣不過，不妨想想罵你的人，其實他比你更加苦惱，你不需要跟他一般見識。為什麼更苦惱呢？因為他在罵你前，要先想很多狠毒的句子，他這是在毒自己的心呀！他能想出這樣惡毒的字眼，可見得心裡有多苦啊！如果你能如此轉念一想，就能把心調正，千萬不要跟著一起中毒，也成為「黑心」的人。

如果你能用正面的態度，把自己的心調正，去關心他、同情他，你的心就有了一層保護，保護你的心不受負面情緒、惡言惡語所影響，能保持在正念。慈悲心能幫助別人減少苦惱，給予快樂，而當你發揮慈悲心的時候，是誰先受用呢？當然是你本身先受用啊！因為這是從你心中發出來的力量。相反地，如果你用貪、瞋、癡的煩惱去對付別人，它會先從你的心中出發，別人還沒有受到傷害，你已經先傷害了自己。因此，起瞋心的時候，你一定要設法用正念來代替，要用無貪、無瞋、無癡的心，像是慈悲心、感恩心來取代。

心好像是一條流動的河流，主流一定要是澄清的正念，要讓這個力量愈來愈強，將惡念分流到兩旁，或是沉下來。如果你在打坐時，心能無貪、無瞋、無癡，生起來的心念都是慈悲、感恩、慚愧、信心，像這些很正面的心理，那些惡念就無法干擾你。

如何用正念面對問題？

由於貪、瞋、癡三毒是一種習氣、一種慣性，總順著習慣反應而行，所以你如果平常貪、瞋、癡的心念很強，遇事所出現的反應自然也是貪、瞋、癡。當你打坐或平常遇到問題時，如果可以靜下來，不隨著慣性而行，讓正念先浮起來，強化正面的力量，久而久之，當你熟悉了它，應對事情時，就會改為先浮起正念。

同樣的一件事，你用負面的態度和用正面的態度應對，發展的方向將截然不同，會產生分叉，意思是事情的處理方式會朝往不同的方向發展。如果是負面的態度，問題會愈滾愈大。反之，如果你用正面的態度去處理，讓心處在正念中，不但負面的情緒會開始減少，而且正念一定是跟著正法，所以你的心是快樂的，我們修行要趨向和這樣的快樂相應。

打坐時，如果你被外境觸動而起了煩惱，一定要調正，也就是用正念來取代惡念。你要回到方法，由此安定自己的心，無論你遇到任何境界，都用無貪、無瞋、無癡的心去應對。如果你能如此不斷地用功，正念的力量會愈來愈強。

假如你的正念很強，就能用無貪、無瞋、無癡的心去處事，用慈悲、感恩的心去待人。當你能用正念的心應對，心中將只有快樂，沒有苦惱，能利人利己。很多事從外表、現象來看，好像是你吃虧了，可是沒有任何人可以取走你內在的快樂。

你的心在動念時，一定要是正念。當你散發慈悲心去待人處事，那是你自己修來的修養，這種內在的快樂與喜悅，是無法計算的，自己可以完全受用。

如果你能了解心理運作的方式，就懂得如何用正確的態度、正確的心理、正確的心念，面對所有的事情與問題。當你和別人互動的時候，就懂得如何守好自己的本位，能夠如此，修行就能朝向究竟的快樂。

為什麼心要單純用功，不貪求境界？

打坐時，你的外表看起來很平靜，其實心中可能充滿了各式各樣的妄念、雜念、惡念，甚至有一些邪念。在用功的過程中，你透過收攝自己的心，讓心簡化，從而更有力量，並加強正念，加強善的心理功能。當你很用心地用方法，時時刻刻提起正念，加強正面的心理功能，即使打坐中業報現前，也能妥善處理。

當業報現前時，如果換作是發生在日常生活裡，你很可能會受到影響，而在煩惱中翻滾不已，但是當你在打坐用功時，因為心力強，觀察力敏銳，自然就容易提起正念，不會將煩惱一直牽掛於心。

用功的時候，你只需要簡單地用方法，起心動念的時候，就是不斷地提起正念來應對一切事，以清淨心來處理問題。這樣你無論面對任何問題，都能化解煩惱。可是，如果你的心不單純，一下子想要得到這個，一下子又想要得到那個，甚至認為打坐應該要得到什麼，或到達什麼境界才對，這些都是你的妄想。雖然你所希望得到的受用，或是想要達到的境界，原本並非不好，但是這些並非你真正得到的受用或證到的境界，而是經過你的一番想像添加。

如果你打坐能確實做到數呼吸、隨呼吸，然後止靜下來，達到一心的狀態，這是通過方法一步一步地修上去，而終於能做到身心統一了。你若是經由這種過程而得到受用，表示你在用方法，並真正到達這樣的境界。

反之，如果你只是坐著一直自行想像，想像自己現在在打坐、在數呼吸，明明數不到呼吸，卻為了一定要數到呼吸，而控制呼吸，甚至要求自己一定要隨息、一定要止息，然後想像自己現在一心不亂了，那麼一心不亂後，又可以怎樣發展？這些都是你的想像，而非真正用方法修得，你修來修去都是一大堆的煩惱而已。與其徒勞浪費心力想像境界，不如一心用功，才能真正抵達一心不亂。

為什麼打坐不要想像自己開悟了？

煩惱裡，最有力量的心是什麼呢？就是貪心！你不論是貪這個、貪那個，或是追求這個、追求那個，或是染著這個、染著那個，這些心所法都是和貪在一起的。如果你追索貪的根源，將知道最深的染著就是「我」！

如果你身心沒有放鬆，不能覺察呼吸，也不能用自然的呼吸來數息，換句話說，什麼工夫都沒有，不會用方法，卻在那裡想像自己已到達什麼境界，想完了以後很開心，這只是自己在安慰自己。

有些同學說不定還印證自己心想：「嗯，我這個境界大概是初禪！聽說初禪有五支，一、二、三、四、五，我這個念應該是第二支，然後是第三支……。」在他沾沾自喜時，雖然腿可能很痛，但是想到自己已經證初禪，腿痛已不是什麼問題了：「我已經到了這個境界，哪會有腿痛問題！」到了最後，自己想像的境界多過真正用功的時間，所以心裡充滿的是什麼呢？都是一組、一組的妄念。這些妄念裡充滿了煩惱，其中最有力量的就是貪！這是從閱讀、從聽聞裡所得到的一些知識，去貪求、想像開悟的境界。

如果你如此用方法，原本心就有很多妄念在流動，這樣的追求妄想，會讓妄念翻滾得更加厲害。問題是你可能不認為這是妄念，反而認為是自己的境界。因為在這個妄念之流裡，浮在上面的都是你喜歡的貪念，但是這些境界都不是你真正用方法去實修所證得。如果你是自己用方法修到、得到、證到的話，這些妄念會沉下來，因為方法用得愈好的時候，煩惱就愈輕！在妄念之流中上下浮沉的，都不是你真正用功的所需之物。

在用功的過程裡，心應該是愈來愈清澄，這條濁流如果你不攪動它，水裡的灰塵會緩緩地沉澱下來。這就像你去河邊玩水，山洪來時的水流非常混濁，等到洪流過了以後，河水便愈來愈清。我們的心常常處於洪水爆發的狀態，在這種情況下，你不但看不到河底，甚至也害怕被沖走而不敢下水。即使你將手伸入河水中，也是伸手不見五指，汙濁到什麼都看不見。因此，需要用方法來沉澱汙染的心，不要陷入想像的渦流裡。

雖然在妄念之流裡，河面上浮現的可能都是你喜歡的境界，但是這些妄念的想像對你的修行有幫助嗎？因此，與其貪求想像的境界，不如回到當下所用的方法，好好用功，這才是修行的真工夫。

共修時，如何守護彼此的心？

當大家一起打坐的時候，雖然每個人的用功是自己的事，可是周圍的人跟我們的關係是互動的。在這個互動的關係裡，如果你常常產生負面的情緒或惡念，心中充滿煩惱，你自己本身就無法安定，甚至如果惡念太強，身邊的人也能感覺。比如大家坐在一起，會感覺怎麼這個氣氛很有壓力，渾身都很不對勁。

雖然打坐時是禁語的，但是即使沒有交談、沒有聲音，當旁邊的人心中起了惡念，還是會干擾你，讓你覺得坐得很不舒服。遇到這種情況時，你的心不要跟這種波動相應，要調自己的心，散發慈悲的力量。我們打坐的時候，沒有人不希望自己能離苦得樂，應互為修行助緣的善知識，而非造成別人困擾的逆緣。

特別是當貪、瞋、癡一起來的時候，真的是翻滾而來。假如共修的氣氛不佳，你要轉念用無貪、無瞋、無癡的念去看待，因為我們的心念一直在流動，念是一組、一組的，是善念、惡念相互交雜的。你要加強善念的力量，讓它幫助你趨向正定。

我們修定，修的是正定。修定有邪定嗎？有的。如果你用一些方法制心一處，讓心不動，也是一種定。但是你如果用的方法是邪法，它會變成邪定。

我們要修的是正定，正定的條件是什麼呢？正念。至於正念的條件，則是正見，然後依著八正道的正思惟、正語、正業、正命、正精進而行。它是這樣子循環的，是這樣子連貫的。因此，你要有正念，才能得到正定。對於翻滾出來的惡念，你不能讓它繼續發展，要提起正念，用無貪、無瞋、無癡的心態來取代它。

共修時，你和身旁的人是互動的關係，是很密切的。你要懂得時時刻刻用正念來取代惡念，用正面的情緒來取代負面的情緒，用正面的行為來取代不好的惡習，由此來凝聚共修的道心，這不但是幫助自己修行的方法，更是利人利己的菩薩道。

如何體會打坐的快樂禪悅？

你在用功的時候，會從一般的快樂，轉為法喜的快樂。坐到很好的時候，你會感到很喜悅，這是打坐所得到的一種輕安的快樂，但這是比較一般的快樂，至於你從外境五欲所得到的快樂，則是粗重的欲樂。打坐的快樂會比五欲的欲樂細一點，而從佛法裡得到的法喜，則更深一點。如果你能以智慧斷了煩惱，那就是究竟的快樂，我們修行要朝這個方向來學。

我們在修行的過程裡，把煩惱的苦一層一層地放掉，離開了苦，就可以得到樂。不但我們自己修行希望離苦得樂，也知道修行的人都希望如此，和我們生活在一起的人亦是。大家都希望得到快樂，只是每個人心裡所希望的層次不一樣。由於我們對佛法理解的程度不一樣，所以得到的快樂程度也就不一樣。

人生的快樂，剛開始是從外在的五欲得到，當你開始修行後，會逐漸不需要依賴五欲、五塵。你所知道的究竟快樂，是涅槃的、寂滅的快樂，雖然現在還沒有證到，但是修行要朝這個方向而行，這樣你的心便會愈來愈快樂，最後就能悟入究竟的快樂。

學佛以前，你要聽好聽的音樂，吃好吃的美食，才會感到快樂。打坐時雖然沒有這些享受，你卻也會快樂。你會漸漸地覺得外在的物質享受，不是那麼重要，更重要的是心要安定下來，這樣內在就能喜悅。打坐者的快樂，應該是從內心產生喜悅的這種快樂。雖然在生活中，我們還是需要五塵才能生存，但是從五塵所得的快樂變得不是那麼重要。只要衣食無虞，有地方可住，就很快樂了。我們想要的快樂是究竟的快樂，希望自己心得解脫，但是身邊的人不一定都能理解，他們想要的快樂，可能只是身體健康，心情放鬆愉快。但是無論如何，應該都沒有人想要受苦。

為什麼你打坐要快樂呢？假如你打坐時，產生了負面的情緒，不但自己有苦受，身邊的人也會感受到苦。如果每個人打坐的表情都是苦哈哈的，整個禪堂一定是充滿著苦的氣氛。反之，如果大家打坐都很喜悅，不管坐得好不好就是快樂，自己的苦就不會感染別人。即使身體有很多不舒服的覺受，對於不舒服的覺受，並不一定要用苦受或苦的情緒來反應。所謂快樂，也並非處在順境就會快樂。

如果你打坐時感到腿痛，不妨想想腿痛，其實也不是很苦的事。一般來說，痛會跟苦結合在一起，但是痛不應該是苦。為什麼呢？因為這個痛表示你在打坐、在用功。腿痛到睡不著，你就會提起精神來用功，如果腳不痛，你可能就睡著了，而不能用功了。換個角度來看，腿痛不是壞事。你要體驗「痛快」，也就是痛到很快樂，當你把心念一轉，會發現實際上快樂不快樂，不一定是感官接觸到外境所產生的一種反應。

快樂不快樂是唯心所造，你的心想要快樂，那你就讓它快樂。有一些人不管處在什麼環境之下，總是能保持笑容，因為他們不覺得有什麼問題。外境或逆境的產生，不是你一個人造成的，而是很多因緣的顯現。有些事你無法改變，但是你可以改變什麼呢？改變自己的心。有些事發生在你身上時，即使你無法選擇接不接受，但是每個人都可以自己決定，要用痛苦或是快樂的態度去面對。如果你選擇的態度做得對，會發現無論遇到任何事都能不起煩惱。

打坐時，要調整心念。這種正念也可以散發在你的日常生活中，和周圍的人在互動時，都保持這樣的心理。雖然你無法得知別人是否會快樂，但你自己必須先快樂。如果你總是把苦惱和負面的情緒加在別人的身上，你會快樂嗎？肯定不會，因為煩惱的痛苦還沒有顯發到別人的身上時，就已經在你的心裡翻滾了。

你在打坐時所面對的問題，比起很多修行者的考驗，可以說是「小兒科」。如果你連這種小事都不能做出正確的選擇，無法自主做選擇，心自然沒有力量了，以後當你遇到更多的事，就無法應對。

不管面對什麼事，你都要選擇快樂地面對，所以要開始調整你的心。相信沒有人希望自己是苦惱的，所有人都希望自己是快樂的，所以不要把苦惱帶給別人，同樣地，也不希望別人把苦惱帶給我們。既然如此，當發現別人有苦惱，而自己可以助人一臂之力，就應該主動協助。比方說，打坐時，發現身旁的人坐得不好，可能為苦惱所困。你雖然無法直接幫助他，但是可以用你的心散發慈悲祝福給他，將你的修行功德迴向給他，希望自己的一份心力能夠幫助他，讓他感受有一種力量在幫助他。如果禪堂裡，人人如此，相信每個人都能法喜充滿。

如何真正體驗禪修好處？

很多人打坐坐到最後，竟然會對自己為什麼要打坐，感到非常迷惘，尤其是當各種妄念揮之不去時，更是不知該如何是好。在用功修行的過程裡，如果你發現自己的妄念很多，為負面情緒所困，可以用正面的能量取代它。很多人想要把煩惱趕走，但你無法這麼做，因為想要趕走的這種心理，其實也是一種煩惱，所以你只能不斷地提起善法、善念，這是一種處理的方法。

此外，你可以運用正念的力量，念佛、念法、念僧、念戒、念施，讓正念多一些力量。事實上，當你發現煩惱心所法生起來了，如果能把貪、瞋轉過來，變成無貪、無瞋，那麼它就變成是正念了。當心理作用生起來時，它是兩面的，一般人常用的是負面，其實只要把心念轉過來，即是正面。

你在用功的過程裡，還可以不斷地加強善念、善法和慈悲心。慈悲心是什麼呢？給予別人快樂，減少別人的苦惱。只要快樂增多，煩惱就會減少。你要常常用這種正面的心理去看待自己和別人，以此和別人互動。當慈悲心的力量加強了，而且穩定成長，你的心一定能凝聚，變得很有力量。

禪修的方法能幫助我們制心一處，無事不辦。如果你想要多快樂、少苦惱，就要用慈悲心。當你制心一處以後，要觀察無常、無我，以此開啟智慧，讓心產生力量。只要你的心能收攝好，那麼心理的善的、正的、清淨的功能，就能更有力量地發揮出來，這是禪修很重要的功能與作用。

你在禪修的時候，要能把心收攝，透過安定身心的過程，發現自己心的力量在不斷地加強，制心一處後，再把善法完全融入一心的功能，你就能將慈悲心的力量散發出來。在禪堂裡，不論是和法師或同學會面，你每天都會與很多人接觸，當大家一起打坐的時候，你要不斷地散發自己的慈悲心，希望一起打坐的人都能用功用得很好。能夠如此，即使偶爾出現了一些干擾，你的心裡仍是生起善法、正念，而非惡法、惡念。

你會發覺當你的心開始能調整，一直轉向善法、正念，你就能從打坐中，真正得到好處，真正受用，而且是先自受用，然後他受用。你要將所體會到的禪修好處，發揮到你的生活裡，不只自己本身受用，別人也要受用，這樣你來參加禪修課程，才有意義。

不然的話，真的是來禪堂坐坐就回家了，什麼功能都沒有發揮出來。這樣你可能不知道自己為什麼要來打坐，因為坐完了以後，好像沒有什麼特別感受，幾天下來，好像沒有什麼進步，心裡的罣礙也沒有減少。

實際上，無論如何，你多多少少還是會有些受用，只是因為你不太了解心的整個運作，也不太了解心的作用在哪裡，不懂得如何發揮，等你體會了以後，就會明白原來如此。參加打坐最重要的是要知道如何去發心，如何減少苦惱，得到快樂，並且對於他人也要拔苦與樂。

如果你能如此去發心，禪坐就真正是有了一個很明確的方向與目標。只要你能朝這個方向和目標實踐，那就對了。在這個過程裡，你就真正得到受用，能真正感受到原來禪修真的有好處。

當禪修的課程結束以後，你要把正念帶回家，帶到日常生活中，跟整個生活結合在一起，融匯起來。當然，這是個長時間的工程，你要慢慢地去訓練自己，但是整個概念、整個心態，都要很明確地知道，才可以不斷地去培養正念。能夠如此，你在用功修行的時候，才能發現原來打坐有那麼多的好處，不但讓你受用，也讓別人受益，而希望大家都能體會禪悅。

智慧人 62

打坐——入門60問

60 Questions About Meditation for Beginners

著者	釋繼程
出版	法鼓文化
總監	釋果賢
總編輯	陳重光
編輯	張晴
封面設計	化外設計
內頁美編	小工
地址	臺北市北投區公館路186號5樓
電話	(02)2893-4646
傳真	(02)2896-0731
網址	http://www.ddc.com.tw
E-mail	market@ddc.com.tw
讀者服務專線	(02)2896-1600
初版二刷	2025年7月
建議售價	新臺幣250元
郵撥帳號	50013371
戶名	財團法人法鼓山文教基金會—法鼓文化
北美經銷處	紐約東初禪寺 Chan Meditation Center (New York, USA) Tel: (718)592-6593 E-mail: chancenter@gmail.com

法鼓文化

國家圖書館出版品預行編目資料

打坐：入門60問 / 釋繼程著. -- 初版. -- 臺北市：法鼓文化, 2025.07
面； 公分
ISBN 978-626-7345-81-8 (平裝)

1. CST: 禪宗 2. CST: 靜坐 3. CST: 佛教修持

226.65 114006406